Seite 2: Foucault'sches Pendel im Dynamikum Pirmasens.
Seite 3: Rutschbahn im Dynamikum Pirmasens.
Seite 4: Duftorgel von Richter Spielgeräte in der Sinn-Welt, Jordanbad Biberach.
Seite 5: Impulskugelreihe im Park der Sinne, Bremervörde.

Walter Siegfried Hahn, Charlotte Fischer – Die Sinne erleben
Erfahrungsfelder zur Entfaltung der Sinne. Ein Bilderbuch.

Umschlaggestaltung: www.humantouch.de
Fotos: Charlotte Fischer
Layout, Satz und Herstellung: www.humantouch.de
Druck und Bindung: Finidr, s.r.o., Český Těšín
Printed in Czech Republic

ISBN 978-3927369-55-9

Walter Siegfried Hahn
Charlotte Fischer

Die Sinne erleben

Erfahrungsfelder zur Entfaltung der Sinne

Ein Bilderbuch

DRACHENVERLAG

▸ *Murmelbahn von Lothar Bracht beim Wirtschaftsforum im Goetheanum in Dornach, Herbst 2009.*

Inhalt

Einführung 10

1 Führung 12
2 Hören 17
3 Steinklang 20
4 Holzklang 24
5 Das Monochord 29
6 Die Windharfe 35
7 Der Summstein 39
8 Die Wasserklangschale 42
9 Der Wasserstrudel 46
10 Flow Forms 50
11 Strömungsformen 54
12 Zeit: Sandpendel, Lissajous'sches Pendel, Rieseltafel und Vibrationstafel 58
13 Der magische Ring 63
14 Gleichgewicht: Schaukeln, Hängematten und Co. 67
15 Die Pirouette 72
16 Die Krabbelmulde 76
17 Die Doppel-Helix 80
18 Das Labyrinth 83
19 Licht und Schatten 88
20 Spiegel 92
21 Das Kaleidoskop 96
22 Die Impulskugelreihe 99
23 Rotierende Scheiben 102
24 Wackelsteine 108
25 Schriften und Schreiben 112
26 Raum 116
27 Kunst 123
28 Tiere 126
29 Menschen-Kinder 130

Autor und Autorin 134

Erfahrungsfelder in Deutschland 136
Erfahrungsfelder in Österreich 140
Erfahrungsfelder in der Schweiz 141
Erfahrungsfeld in Norwegen 142

Einführung

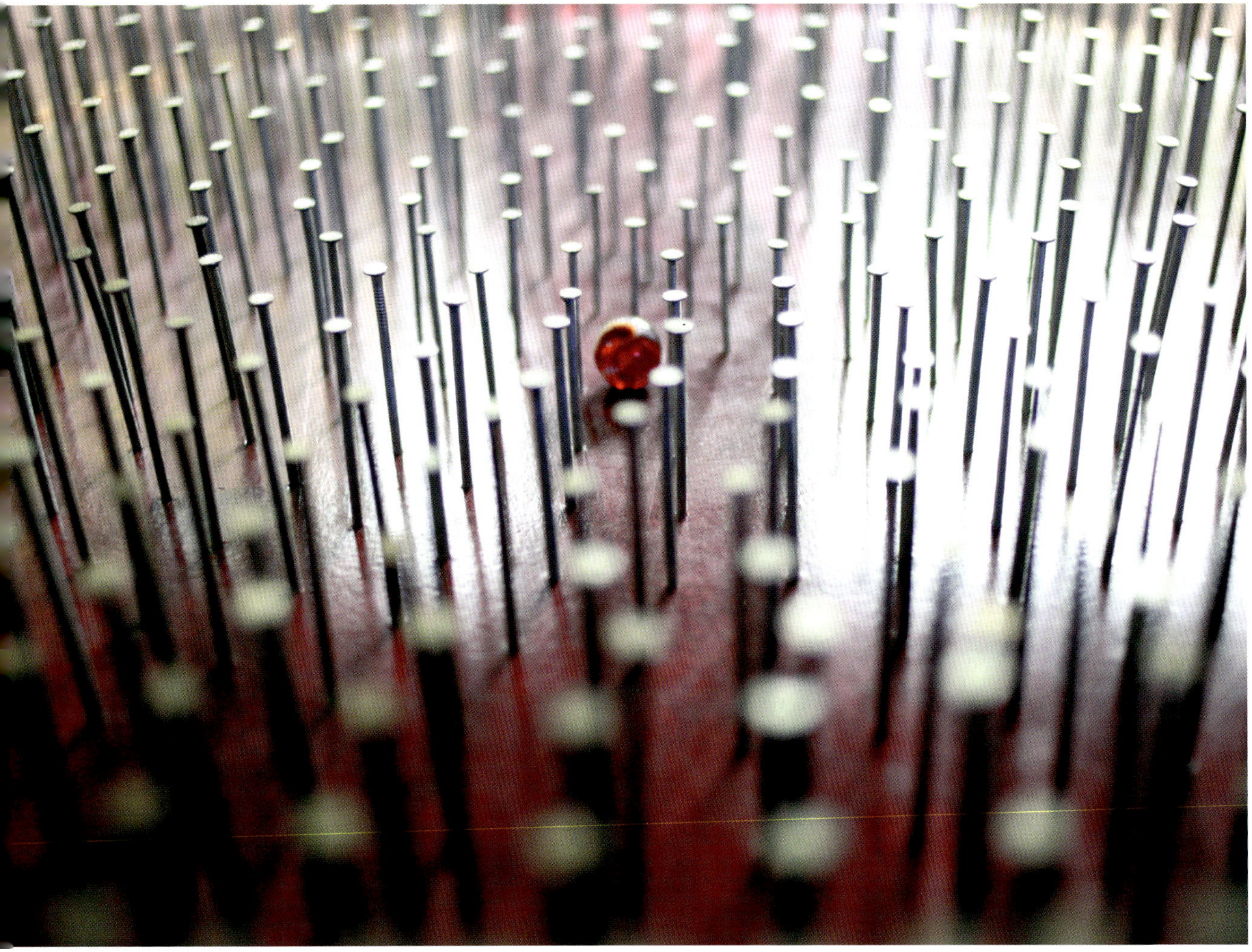

Wir leben in einer Welt, die zunehmend einseitige intellektuelle Leistungen fordert. Vor allem in den Städten bietet sie immer weniger Spielräume, in denen die Sinne in ihrem ganzen Potenzial herausgefordert werden. In dieser Welt werden Orte wichtig, wo die sinnreiche Begegnung mit sich selbst und den Phänomenen der Außenwelt erlebt und geübt werden kann. An vielen Orten sind »Erfahrungsfelder zur Entfaltung der Sinne« nach Hugo Kükelhaus entstanden. Sie ziehen Tausende von Besuchern an: Kinder, Eltern, Firmenbelegschaften, Unternehmensvorstände – alle werden mit ihrer Menschlichkeit und ihren sinnlichen Fähigkeiten als Menschen konfrontiert und nehmen Beeindruckungen mit, die ihr Leben bereichern.

Diesen für die »Salutogenese« (das Wissen, wie Gesundheit entsteht) der Person wie der ganzen Gesellschaft so wichtigen Orten fehlt bisher die breite Dokumentation. Einen ersten Schritt dazu unternahm ich mit dem im Jahr 2009 im Geesthachter Wolkentor-Verlag erschienenen Buch »Erfahrungsfelder zur Entfaltung der Sinne« (www.wolkentor-verlag.de). Es ist ein kompakter Führer zu rund 70 Orten der Wahrnehmung und stellt auch den Urheber der Erfahrungsfeld-Bewegung, Hugo Kükelhaus, vor. Kleine umschreibende Texte zu einigen Stationen runden es ab. Diese Texte haben nun überraschend viele positive Kommentare erhalten, und ich wurde nach einer Fortsetzung dieser Miniaturen gefragt.

So versuche ich hier, nicht nur weitere Beobachtungen an den wichtigsten Juwelen des Erfahrungsfelds zusammenzutragen, sondern der sinnlichen Bedeutung der Erfahrungsfelder vor allem dadurch gerecht zu werden, dass ich dieses Buch als Bilderbuch präsentiere. Meine persönlichen Erfahrungen und die von Erfahrungsfeldbesuchern mit den hier versammelten Stationen sollen die Relevanz der Phänomene im Kontext der Weltkrise zeigen – so wie es von Hugo Kükelhaus von Anfang an beabsichtigt war, der schon früh im 20. Jahrhundert die Gefahren unverbundenen Lebens voraussah. Kükelhaus, von Ursprung her Schreiner, war mit vielen herausragenden Denkerinnen und Denkern seiner Zeit, unter anderen mit Elisabeth Hofmann, Albert Einstein und Otto Hahn, bekannt. Am Beispiel der beginnenden Serienfertigung von Möbeln sah er eine monumentale Veränderung im Leben der Menschen gegenüber allem, was vorher war, voraus. Nicht mehr nach dem Maß des individuellen Menschen wurden Gegenstände des täglichen Gebrauchs, wie Schuhe, Kleidung, Stühle und so fort, hergestellt, sondern der Mensch sollte sich in die vorgefertigten Maße einordnen. Dem stellte er sein Forschen entgegen und begann, Orte zu schaffen, wo der Mensch sein eigenes Maß finden und sich in Beziehung zu den Ordnungsgesetzen der Wirklichkeit bringen kann.

Der Text ist also die eine Seite. Ich will die Stationen aber in das ihnen gebührende rechte Licht rücken – und zeigen, wie Menschen mit ihnen umgehen, was sie dabei erleben und empfinden. Ich bin außerordentlich glücklich darüber, dass ich dieses Buch in großem Gleichklang mit der Fotografin Charlotte Fischer erarbeiten konnte. Ihre eindrucksvollen Aufnahmen widerspiegeln die Wirklichkeit der Erfahrungen in unnachahmlicher Weise. Bilder und Texte wurden uns gegenseitig jeweils zur Anregung, und die Gegensätze, die unterschiedlichen Medien vereinigten sich zu einer Ganzheit, wie sie am schönsten durch die Station der Doppel-Helix sichtbar und erfahrbar gemacht wird.

Das Buch ist somit kein hübsch illustrierter Text, sondern es möchte Ihnen als Synthese von Bild und Wort Anregung geben, selbst in die Welt der Erfahrungsfelder einzutauchen oder, wenn Sie schon vom Feuer der Begeisterung erfasst sind, helfen, ihre gesammelten Eindrücke nachbereitend zu vertiefen. Ja, das Buch möchte gewissermaßen zu einer eigenen Station werden, die Sie zur weiteren Entdeckungsfahrt einlädt: Am Ende des Buchs erfahren Sie, wo es bereits Erfahrungsfelder gibt. Es werden immer mehr – und jedes von ihnen ist eine Reise wert.

Neben dem Lese- und Schau-Vergnügen wünsche ich Ihnen den Mut, die aufgezeigten Phänomene mehr und mehr im eigenen Leben zu erkennen und zu gestalten.

Puerto Princesa, Palawan, im Sommer 2010,
Walter Siegfried Hahn

◂ *Nagellabyrinth im Eins + Alles, Welzheim.*

1 Führung

▸ *Klangschale im Phänomania Erfahrungsfeld, Essen. Seite 14: Kugeltrichter im Dynamikum Pirmasens. Seite 15: Tastgalerie im Phänomania Erfahrungsfeld, Essen.*

Wer oder was führt eigentlich in Ihrem Leben? Nicht alle Menschen haben auf diese Frage eine spontane und gültige Antwort parat. Ist es Lust – oder sind es Gelüste? Ist es eine Vision – oder ein Ziel? Sind es die eigenen Kinder, die einen führen – oder sind es die Vorstellungen von einem besseren Leben, das man ihnen zugedenkt? Wie ist die Führung durch einen Supermarkt, durch ein Museum oder durch ein Erfahrungsfeld angelegt, und was wird damit jeweils bezweckt? Und wer führt Sie durch dieses Buch?

Manche Menschen lesen die Zeitung oder ein Buch gerne von hinten nach vorn, manche von vorne nach hinten, und manche beginnen mittendrin. Die Kapitel dieses Buchs sind zwar so angeordnet, dass sie einem möglichen Gang durch ein Erfahrungsfeld entsprechen. Sie können aber eine beliebige Reihenfolge wählen und lesen, wie Sie Lust haben. Ich biete Ihnen gewissermaßen eine Führung an, die eine eigene Bewegung beinhaltet: von innen nach außen, von drinnen nach draußen, vom Hören zum Sehen, vom Wasser zum Licht. Es beginnt aber mit dem Menschen und endet mit ihm. Wer führt? Der Mensch. Es ist bloß nicht immer klar, welcher der Beteiligten ...

Führung ist heute ein großes Thema, nicht nur unter sogenannten Führungskräften. Ein Bewusstsein ist entstanden, dass alle Bewegungen mit Führung zu tun haben. Seien es die Bewegungen des Verkehrs, die etwa zu einem Verkehrsleitsystem führen. Seien es die Bewegungen der Finanzmärkte, wo es eine Leitwährung gibt. Seien es die Bewegungen der eigenen Seele, wo es um Selbstführungskompetenz geht. Der Leiter eines Supermarkts wird sich dessen sehr wohl bewusst sein, wie er seine Kunden führt. Die Ver-Führung an der Kasse mit Zigaretten und Süßigkeiten ist allgemein bekannt. Ein Beispiel für eine stringente Führung sind die IKEA-Häuser, in denen der Kunde nicht mal eben von hier nach dort schlendern kann, sondern eine Abteilung nach der anderen durchlaufen muss.

Problematisch im Deutschen ist, dass das Wort für denjenigen, der führt, aus historischen Gründen zum Unwort geworden ist. Daher sprechen wir lieber vom Leiter, Autor oder Guide und benennen damit auch noch verschiedene Aspekte eines Führers.

Jede Art von Führung verrät die Auffassung desjenigen, der führt. Nehmen Sie sich ruhig einmal die Zeit und führen sich verschiedene Führungsstile sowohl von Personen als auch innerhalb von Institutionen vor Augen: Wo werde ich eher manipuliert, wo eher zu eigenen Entscheidungen ermutigt? Wo ist die Führung autoritär, wo kollegial?

Wie in einem Lebensmittelladen gibt es auch in einem Erfahrungsfeld Konzepte darüber, wie sich die Gäste idealerweise durch die Einrichtung bewegen. Hugo Kükelhaus hat dazu einen Hinweis hinterlassen: »Frage nach dem Durchgang: Wo ist der ›rote Faden‹, der alles zusammenhält? Antwort: Der Rote Faden ist man selbst. Es ist der

Organismus als Ganzer, der die Organe zusammenhält. Solange ich den ›roten Faden‹ statt in mir selbst woanders suche, lebe ich nur bruchstückhaft mit mir selbst.«

Aufgabe eines Erfahrungsfelds ist entsprechend, was der große Lehrer und Erwachsenenbildner Coenraad von Houten »Willens-Erweckung« nennt. Ein Erfahrungsfeld erfüllt seine Aufgabe nicht, wenn es einschläfert, nur gut unterhält oder sich nur gut verkauft. Es erfüllt sie, wenn es zum eigenen Beobachten und Nachdenken anregt und dazu, mit den neuen Erkenntnissen auch etwas zu tun.

Daran muss sich auch dasjenige messen, was in den Erfahrungsfeldern als »Führung« angeboten wird. Darunter versteht man, dass eine Gruppe von Menschen, von einer Person angeführt, durch eine Ausstellung geht. Diese Führungen dauern an den meisten Orten etwa neunzig, manchmal auch sechzig oder hundertzwanzig Minuten. An fast allen Orten sind sie kostenpflichtig. Ein Führer im Erfahrungsfeld vertritt im Grund genommen eine neue Berufssparte, denn es geht ja nicht, wie etwa im Museum, darum, Daten und Fakten zu erläutern, sondern Wege zu finden, wie die Geführten zu eigenen Erfahrungen und Ideen kommen. Dafür gibt es historische Beispiele, denken wir etwa an Sokrates, der sich als »Maieutiker«, als Geburtshelfer verstand: Er lehrte nicht sein Wissen, sondern begleitete seine Schüler bei der »Geburt« von eigenen Erkenntnissen. Oder denken wir an Laozi, der in seinem berühmten Daodejing in einem Passus über das Führen sagt: »Das ist der beste Führer, dessen Leute sagen, wenn er sie ans Ziel geführt hat: Wir haben es selbst getan.«

Ein wesentliches Kennzeichen für einen guten Führer ist, dass er die Illusion zu überwinden hilft, die Dinge würden sich wiederholen. Wer es schafft, aus dem Augenblick heraus zu arbeiten, mit den konkreten Menschen, mit denen man genau jetzt zu tun hat, offen für das unerwartete Erlebnis an den Stationen, der wird nicht nur selbst begeistert – »mit dem Geist der Station verbunden« – sein. Er wird auch seine Gäste auf eine Forschungsreise mitnehmen. Und vielleicht nehmen diese dann die Erkenntnis aus der Führung mit, dass jeder Augenblick im Leben ein Abschnitt einer Reise ist, auf der sie selbst die Reiseführer sind.

2 Hören

◂ *Chladni'sche Klangplatte im Erfahrungsfeld Kassel mit Leiter Frank Hellbrück.*

▸ *Instrumentenbauwerkstatt von Manfred Bleffert in Heiligenberg (www.manfred-bleffert.de).*

Ganz am Anfang eines Menschenlebens steht das Hören. Schon in den ersten drei Monaten der Schwangerschaft werden die Grundstrukturen des Innenohrs beim Embryo angelegt – der werdende Mensch hört sich in die Welt hinein. Das rhythmische Dröhnen des mütterlichen Herzens, das Glucken in ihrem Darm oder das Pochen der Schlagader hinter der Fruchtblase gehören zu den ersten Höreindrücken des Menschen. Im zweiten Drittel der Schwangerschaft bilden sich die eigentlichen Hörsinneszellen, die Haarzellen, und im letzten Drittel ist sein Gehör bereits vollständig ausgeprägt, das heißt, der Embryo hört alles, was die Mutter hört. Säuglinge erinnern sich noch an die Lieblingsmusik ihrer Mutter oder an Geräusche aus der Schwangerschaft und lassen sich mit ihnen beruhigen.

Hugo Kükelhaus formulierte einmal: »Nicht das Ohr hört, sondern der Mensch hört.« Einen Aspekt dieser Aussage bestätigte der französische Arzt Alfred Tomatis, nach dem das Kind im Mutterleib weniger über das Trommelfell hört als viel mehr über das Knorpelknochen-System. Vor allem in den letzten Wochen der Schwangerschaft, wenn sich der Embryo mit seinem Kopf in das mütterliche Becken hineinsenkt, findet eine optimale Klangübertragung über den Beckenknochen der Mutter statt – wir dürfen annehmen, dass vor allem tiefe Töne deutlich zu hören sind. Der Ulmer Hirnforscher Manfred Spitzer verglich diesen Effekt einmal mit dem Hörerlebnis, das ein Stereokopfhörer vermittelt.

Im Erfahrungsfeld gibt es eine stetig wachsende Zahl von Stationen, die mehr oder weniger mit dem Hören zu tun haben. Und es gibt heute schon Orte, die sich ausschließlich als Erfahrungsfeld des Hörens verstehen, wie etwa der Klangpfad Kassel (www.klangpfad-kassel.de) oder der Klangweg Toggenburg (www.klangwelt.ch). Letzterer verbindet eine wunderschöne, einfache Alpenwanderung mit einer großen Zahl von kreativen Klangerfahrungen. Die reiche Vielfalt an Erfindungen und Gestaltungen in Erfahrungsfeldern bezieht sich dabei im allgemeinen auf die einfachen Phänomene, die jederzeit an vielen Orten beobachtbar sind. Im Erfahrungsfeld wird um solche Phänomene gewissermaßen ein Rahmen gezogen, was sie zum Objekt im Fokus der Beobachtung erhebt. Ohne einen solchen Rahmen würden sie uns nur alltäglich erscheinen, unserer Aufmerksamkeit nicht wert. Doch genau der Zauber des Alltäglichen macht das Erfahrungsfeld aus.

Eine erste Reihe von Stationen lässt sich unter der Überschrift »Hören, was ist« zusammenfassen. Die einfachste Variante davon ist, schlicht zu lauschen, was gerade zu hören ist. Leicht ist dabei die Erfahrung zu machen, dass wir fähig sind, unsere Aufmerksamkeit auf ein bestimmtes Detail zu richten, wie etwa das Gespräch am Cafétisch nebenan oder den Zaunkönig irgendwo im Gebüsch. In ähnlicher Weise werden bestimmte Tonfrequenzen herausgefiltert, wenn man eine große Muschel ans Ohr hält – abhängig jeweils

◂ *Im Klangraum von Reinhild Brass in Witten-Annen.*

von ihrem Volumen. Eine klassische Erfahrungsstation sind die »Helmholtz'schen Röhren«: Legt man ein Ohr an einen dieser Resonatoren, so ist ein bestimmter Ausschnitt des Obertonspektrums des Umgebungsklangs zu hören. Die einfachen, schlanken Röhren haben unterschiedliche Durchmesser und Längen, wodurch sich jeweils ein anderer Klang ergibt. In einigen Erfahrungsfeldern hängen sie in einem Raum, in anderen im Freien, so zum Beispiel in Immerath in der Vulkaneifel (www.parcours-der-sinne.de). Dort sind sie in einem Gestell am Rand des Tals aufgehängt, so dass man Obertonausschnitte der Klänge des Dorfs hören kann.

Eine andere einfache Vorrichtung ist das Horch- oder Lauschrohr, auch Rufsäule genannt. Sie beruht auf der Tatsache, dass sich Schall wie Wasser leiten lässt. An beiden Enden einer Leitung (etwa eines Plastikrohrs) befinden sich Öffnungen, die sich sowohl zur Aufnahme eines Klangs (wie einer Stimme oder das Sprudeln eines Bachs) als auch zum Abhören eignen. Installationen wie ein »natürliches Telefon« sind dadurch möglich, und es überrascht, wie weit die Gesprächspartner voneinander entfernt sein können, ohne dabei einen Verlust an Klangqualität zu haben.

Auch der Parabolspiegel sorgt für glückliche Momente nicht nur bei Kindern. Zwei konkave Formen von eineinhalb Metern Durchmesser dienen dabei als akustische Spiegel. Sie werden im Abstand von bis zu vierzig Metern von-

Schwingungsmuster auf Chladni'schen Platten im Erfahrungsfeld Kassel (1. Bild von oben) und im Dynamikum Pirmasens (2. und 3. Bild).

einander aufgestellt. Was in der Nähe ihres Mittelpunkts gesprochen wird, lässt sich mühelos beim anderen Spiegel und auch auf der Verbindungslinie dazwischen hören.

Hören im Erfahrungsfeld beschäftigt sich weniger mit der Musik selbst als mit ihren Grundlagen. Dazu gehören auch Erfahrungen mit verschiedenen klingenden Materialien. Neben Holz und Stein, denen eigene Kapitel gewidmet sind, sind es Metalle, die in verschiedenster Form und Bearbeitung zu erleben sind. Erstaunlicherweise ist mir noch kein Ort bekannt, wo schlicht mehrere Metalle nebeneinander in gleicher Größe und Form zum Klingen zu bringen sind. An einigen Orten gibt es jedoch Metallklänge, die aus verschiedenen Größen von runden oder rechteckigen Messingplatten bestehen und archaische Erfahrungen bieten. Auch wenn sie nicht dem Klangvolumen eines guten Gongs entsprechen, ist die Welt des Metalls damit gut zu erleben.

Eine ganz besondere Station – erbaut von dem Amsterdamer Musiker Hans van Dorp – gibt es im Münsteraner Haus Kannen (www.alexianer.de/muenster/sinnespark) zu erleben. Das sogenannte Bellebak besteht aus einer Reihe von Glocken, die angeschlagen und gleichzeitig ins Wasser getaucht werden können. Ähnliche Klänge kann jeder erzeugen, der sich bei offenem Mund auf die Backe schlägt und dabei kontinuierlich die Stellung des Kiefers verändert.

Da sich Hören und Zuhören bereits im Mutterleib entwickeln, sind beide Fähigkeiten intensiv mit dem Gefühlsleben verbunden und bilden nicht zuletzt deshalb die Grundlage des Zusammenlebens der menschlichen Gemeinschaft. Weil Hören und Zuhören heute bedroht sind, empfehlen sich nicht nur besondere Stationen, sondern auch besondere Veranstaltungen, um sie zu fördern. So habe ich mit Erlebnisvorträgen, Seminaren und auch »Wochen des Hörens« unterschiedlichste Aspekte erfahrbar gemacht. Veranstaltungen wie die »Klangschnitzeljagd« konnte ich sogar regelmäßig oder auch individuell buchbar in Programmen von Erfahrungsfeldern etablieren. Die Idee der »Klangschnitzeljagd« geht auf den kanadischen Komponisten Murray Schafer zurück. Dabei suchen die Teilnehmer nach Klängen, die sich sogar im Raum fortbewegen können. Die Erweiterung des Wahrnehmungshorizonts ist grandios, und die Teilnehmer haben großen Spaß dabei.

3 Steinklang

◂▸ *Klangstein von Richter Spielgeräte in der Sinn-Welt, Jordanbad Biberach.*

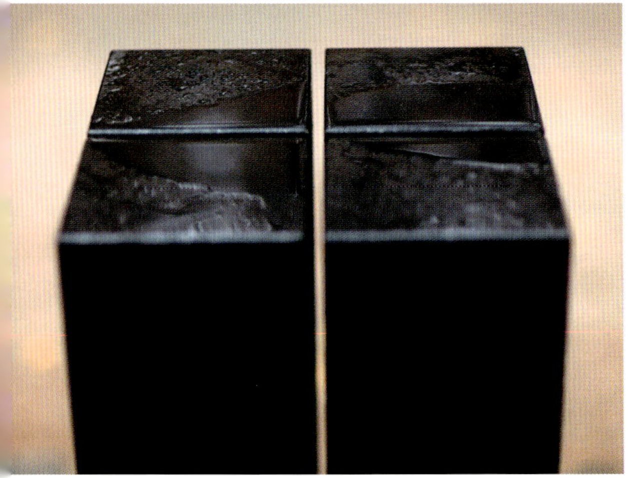

Im Jahr 1971 entdeckte ein Schäfer in der Ortschaft Sankarjang im indischen Bundesstaat Orissa durch Zufall einen Behälter mit gut zwanzig regelmäßig geformten Steinplatten. Die vom staatlichen archäologischen Institut durchgeführten Grabungen ergaben weitere Funde von Halsreifen, Messern und Äxten, die wie die Steine aus dem 1. und 2. Jahrtausend v. Chr. stammten.

Ein Teil der gefundenen Steinplatten wies deutliche Gebrauchsspuren auf, ein anderer nicht. Man schloss, dass es sich bei den einen um Teile eines gebrauchten Instruments handelte, beim den anderen um ein ungebrauchtes oder im Bau befindliches. Alle Platten waren gut poliert und gaben einen deutlichen und klaren Klang ab, als man sie anschlug. Es handelte sich um einen der ältesten Funde eines Lithophons, eines »Steinklingers«.

Steinklänge sind in Asien seit prähistorischen Zeiten belegt. Verwandt sind sie mit Steinklanginstrumenten Afrikas, die dort seit Urzeiten aus dem lokalen Serpentinit hergestellt werden, mit den klingenden Steinen von Cumbria in England, aber auch mit Instrumenten der balinesischen Gamelanmusik oder den Xylophonen Zentralafrikas. Neben speziell gebauten Instrumenten gibt es jedoch auch verschiedene Orte auf der Erde, wo der Klang des Steins sich schon von Natur aus offenbart. Ein besonders großes Exemplar ist die »Great Stalacpipe Organ« in den Luray-Höhlen im US-Staat Virginia, eine »Orgel« aus Tropfsteinen. Andere Beispiele finden sich am Victoria-See in Kenia oder in Tenkasi in Südindien. Auf dem Lichtensteiger Klangweg im Säntis (www.pythagoras-instrumente.ch) sind durch in den Fels gehauene, runde Löcher Klangerlebnisse am Stein möglich.

In der neueren Zeit wurden die Klänge des Steins durch Pioniere wie Hugo Kükelhaus, Wolfram Graubner, Manfred Bleffert und, ganz aktuell, Klaus Fessmann und Rudolf Fritsche erforscht. Kükelhaus hatte schon im Jahr 1980 Erfolg mit einem ersten Lithophon. Graubner führte Anfang der 1980er Jahre ein dreijähriges, staatlich gefördertes Forschungsprojekt an der Materialprüfanstalt Karlsruhe über die Klangeigenschaften von Holz, Stein und Stahl durch, woraus 1984 der erste Klangstein entstand.

Ähnlich wie ein Xylophon besteht ein Litophon aus mehreren rechteckig geschnittenen, geschliffenen und aufeinander abgestimmten klingenden Stäben oder schmalen Platten. Die Lithophone in den Erfahrungsfeldern erhalten ihre Berechtigung, als Station zu dienen, auch durch ihre schiere Größe, denn die Länge der einzelnen Klangstäbe beträgt meist um die anderhalb Meter. Aus stabilen Steinen gefertigt, werden diese Stäbe auf einer Unterkonstruktion aufgelegt und können mit bereitliegenden Klöppeln bespielt werden – der klickende, klackende und leicht stumpfe Klang ermöglicht Einzel- und Zusammenspiel. Noch viel mehr ist das der Fall bei Instrumenten, wie sie

◂ *Das Lithophon im Sinnespark Haus Kannen in Münster wurde von Jan Kroes aus Serpentinit gefertigt.*

von Musikern wie Carl Orff in Salzburg, Manfred Bleffert am Bodensee und dem Österreicher Aurelio in Indien entwickelt wurden: Sie haben Lithophone und andere Steinklänge in den Rang von Konzert- oder Therapieinstrumenten erhoben.

Eine frühe Entwicklung ist die Wasserklangsäule. Hierfür wird der Stein auf zwei Drittel seiner Länge mehrmals eingeschnitten. Die entstehenden Zungen lassen sich wie Stimmgabeln oder Weingläser in Schwingung versetzen. Der geschliffene und polierte Granit wird hier mit einem Klöppel angeschlagen oder mit der befeuchteten Hand gerieben. Es benötigt etwas Geduld, um Töne zu erzeugen, und viel Übung, um einigermaßen mit diesem Instrument umgehen zu können. Doch es ist ein unbeschreibliches Erlebnis, sich so mit dem »toten« Stein zu verbinden, dass er sich »ausspricht«. Es geht nicht anders, als dass man sich der Materie anpasst, sich ihr hingibt und ganz mit ihr in Resonanz geht – dann ist der Klang nicht nur im Ohr zu hören, sondern über den ganzen Leib spürbar und geht sogar »unter die Haut«. Die Klangerfahrung ist damit auch eine Tasterfahrung. Es ist bei der Klangsäule wie bei manch anderer Station: Um ihr gerecht zu werden, muss ich ihre eigenen Gesetze kennen und mich ihnen fügen. Es ist deutlich, dass eine solche Erfahrungsfeldstation nicht nur physikalischen Charakter hat, sondern weitreichende Einsichten in Ökologie und Soziales ermöglicht.

Eine Weiterentwicklung der Klangsäule ist die Steinharfe, die mehr Schnitte als erstere enthält und dadurch mehr und dünnere »Zungen« oder »Lamellen« bekommt. Da der Stein an der Oberseite schräg abgeschnitten ist, entstehen unterschiedlich lange Zungen und entsprechend beim Spiel unterschiedliche Töne. Der Tonumfang einer solchen Steinharfe kann bis zu einer Oktave umfassen. Mit der Klangsäule oder der Steinharfe lassen sich – trotz ihres zum Teil hohen Gewichts von mehreren hundert Kilogramm – vollkommen neuartige, wie schwerelos schwebende Klangwelten erschließen. Ob man sich damit in die Tiefen des Kosmos versetzt fühlt oder eine Ahnung von der Musik kommender Jahrhunderte zu bekommen meint – die Präsenz und zugleich die Fremdheit dieser Klangwelten lässt kaum jemanden unberührt.

»Wenn die Steine anfangen zu singen, erfüllt ein Hauch wie Atem den Raum. Aus dem Hauch wird ein Ton, an- und abschwellend, der sich immer mehr ausbreitet, bis der tiefe Klang den Boden vibrieren lässt und ein Raunen jeden Winkel erfüllt.« So hieß es in der Frankurter Allgemeinen Zeitung nach einem Konzert von Klaus Fessmann, der sein künstlerisches Schaffen neben einer Professur am Mozarteum Salzburg ganz dem Steinklang widmet. Seine Klangsteine, die im indischen Auroville, der »Stadt des Zukunftsmenschen«, hergestellt werden, gibt es schon in Erfahrungsfeldern zu finden. Vor allem sind sie jedoch für konzertante Musik gedacht, was schon ihr eher leichtes Gewicht von zwanzig bis sechzig Kilogramm und die fein ausgearbeiteten Lamellen demonstrieren. Wer Klangsteine in ihrem ganzen Potenzial erleben möchte, sollte eines der Konzerte oder Seminare von Klaus Fessmann besuchen.

Ein ganz besonderes Erlebnis ist es auch, bei einer Wanderung in den Schweizer Alpen inmitten bizarrer Felsennatur plötzlich auf einen schwarzen Klanggranit zu stoßen. Auf der »Erlebnistour Cacciabella« am gleichnamigen Pass ist dies möglich – der Stein ist Teil eines hochalpinen Sinneswegs, zu dem auch ein Summstein gehört. Wer eher das Flachland liebt, findet auf dem Kasseler Klangpfad ein »EinKlang« genanntes und zehn Tonnen wiegendes Klangensemble aus Sandstein, aber auch einen Basalt-Fächer und fünf Marmorstelen (www.klangpfad-kassel.de).

▲ *Steinklang von Manfred Bleffert in Heiligenberg.*

▼ *Steinklang von Richter Spielgeräte (Design: Wolfram Graubner) in der Hugo-Kükelhaus-Schule Magdeburg.*

4 Holzklang

Die Eigenschaften von Holz werden im Instrumentenbau vielfältig genutzt, denkt man etwa an Flöten oder Trommeln aus allen Epochen und von allen Kontinenten. Die Klänge des Holzes selbst stehen im Mittelpunkt beim sogenannten Holzklang oder, ins Griechische übersetzt, Xylophon. Da man jedoch unter dem Begriff Xylophon eher eine feste Vorstellung von Instrumenten hat – vom Orchestergraben bis zur Vorschulpädagogik – spreche ich hier lieber von Holzklängen. Denn einerseits handelt es sich bei den Erfahrungsfeldstationen eben weniger um Instrumente als um die Vorstufen dazu und weniger um Musik als um die Erfahrung ihrer Grundlagen. Andererseits ist die Bandbreite, wie Holz zum Tönen gebracht, wie die inneren Eigenschaften nach außen gekehrt werden können, weit größer als bei den bekannten Xylophonen.

Eine erste Möglichkeit besteht darin, sein Ohr an einen lebendigen Baum zu halten und zu lauschen oder aber die eigene Hörfähigkeit mit Hilfe eines Stethoskops zu verstärken. Leider findet man bei dieser Übung allzu leicht heraus, dass es offenbar nur wenige Orte in Mitteleuropa gibt, wo es für solche Hörerfahrungen ausreichend still ist. Man muss sich auch dafür sensibilisieren, nicht nur den Strom des eigenen Bluts wahrzunehmen. Hat man diese Hindernisse überwunden, kann man auch nicht wirklich das Holz hören, sondern den Fluss in den Leitungsbahnen des Baums. Das ist allerdings auch eine feine Sache und fast so,

◂ *Ensemblespiel mit Xylophonen von Manfred Bleffert bei einem seiner Workshops in Heiligenberg.*
▸ *Xylophon von Manfred Bleffert.*

als würde man das Gras wachsen hören wollen – immerhin ist es interessant, dass das scheinbar Unmögliche doch möglich ist.

Alle Dinge klingen, die meisten allerdings nur irgendwie. Um gut zu klingen, muss ein Gegenstand gute Schwingungseigenschaften haben, und dazu muss er normalerweise hart und trocken sein. Die einfachsten Holzklänge bestehen aus Holzstäben, wie sie in der lateinamerikanischen Musik verwendet werden. In vielen Erfahrungsfeldern gibt es Beispiele dafür, wobei sie meist in Führungen verwendet werden. Die archaische Variante davon kennt jeder, der schon einmal bei einem Waldspaziergang Äste vom Waldboden aufgenommen und sie aneinandergeschlagen hat. Man kann das Holz auch hören, wenn man mit Holzschwertern kämpft – nur ist dabei die Aufmerksamkeit meist nicht auf den Klang gerichtet. Auch als man noch mit hölzernen Schlägern Hockey oder Eishockey spielte, konnte man Holz klingen hören – doch auch hier interessierte der Klang wohl die wenigsten.

Um den Klang des Holzes hörbar zu machen, gibt es bei feststehenden Stationen hauptsächlich zwei Varianten: Entweder wird das Holz auf zwei Unterlagen aufgelegt (auf Querbalken, Latten oder einen Kasten) oder an einem Ende oder an beiden Enden aufgehängt. Grundsätzlich finden dabei immer rechteckige, längliche Holzteile Verwendung: Bretter, Brettchen, Stäbe oder auch Röhren. Die erste Art wird bei allen Xylophonen verwendet, doch finden sich in den Erfahrungsfeldern interessante Abwandlungen vor allem bezüglich Größe und Material. Die zweite Art kann außerhalb von Erfahrungsfeldern oder entsprechenden Forschungs- oder Ausbildungsstätten kaum erlebt werden.

Eine einfach zu bauende Station ist zugleich eine sehr beeindruckende. Sie geht auf den Komponisten, Instrumentenbauer und Bildhauer Manfred Bleffert (www.manfred-bleffert.de) zurück, der es sich früh zur Aufgabe gemacht hat, die Toneigenschaften von Metallen, Steinen und Hölzern zu erforschen. Man nehme zum Beispiel Hölzer von allen in der Umgebung wachsenden Bäumen, lagere das Holz gut ab, säge sich Stücke von 50 × 7 × 2,5 Zentimetern zurecht und schleife und poliere alles gut. Mit Abstand nebeneinander auf einen Ständer aufgelegt, hat man die Eigenschaften der heimatlichen Hölzer in einer Station vereint. Nicht nur Farbe, Struktur und Gewicht sind so wahrnehmbar, sondern durch Anklopfen oder Anschlagen mit einem Hartgummiklöppel auch der Klang. Die Unterschiede in Obertönen, Klangfarben und Tonhöhen sind faszinierend. Eine solche Station bietet einen bedeutenden Beitrag zur Didaktik der Ökologie – solange eine Erfahrung ermöglicht und nicht Wissen oder Haltungen übergestülpt werden. Eine Variante davon ist die Verwendung ein und derselben Holzart, jedoch so, dass die einzelnen Brettchen unterschiedliche Länge, Breite oder Dicke aufweisen – ähn-

◂▸ *Das Holzklangbad im Erfahrungsfeld Eins + Alles, Welzheim, stammt aus der Kunst- und Kultur-Schmiede KuKuK, Suttgart.*

lich wie bei einem Xylophon, jedoch mit mehr Variationen. Welches klingt höher, das dickere oder das dünnere, das breitere oder das schmalere?

Auch beim Dendrophon (übersetzt eigentlich »Baumklinger«) verwendet man für die Klangbretter eine einzige Holzart und stimmt diese in der gewünschten Art ab. In einer weiterentwickelten Form, wie beispielsweise bei Richter Spielgeräte (www.spielgeraete-richter.de), sind die Bretter – bzw. die Röhren im Fall des Röhren-Dendrophons – mit eigens abgestimmten Resonatoren unterlegt, was eine angenehm tiefe Klangfülle ergibt, die auch gut im Körper gefühlt werden kann. Solche Dendrophone sind hochkant aufgebaut, so dass man sie stehend mit den bereitliegenden Klöppeln spielen kann, und das auch zu zweit. Der »Klangbogen« von Richter variiert das Prinzip: Fünf hängende und sehr wohlklingende Holzröhren können mit Klöppeln bespielt werden.

Archaische Dendrophone gibt es heute auf einigen Waldlehrpfaden, wie etwa in Haag am Hausruck in Oberösterreich (www.wegdersinne.at). Hier wurden unbehauene Äste verschiedener Baumarten auf Keile aufgelegt und können mit Holzhämmern zum Klingen gebracht werden.

Eine Variante der Klanghölzer ist der Klangwald oder das Klangbad. Hier werden eine größere Anzahl, meist über hundert, Bretter, Knüppel, Bambusrohre oder Stäbe dicht nebeneinander an der Decke aufgehängt. Die Station lädt dazu ein, langsam durch sie hindurchzugehen oder aber, innen stehend, sich von außen bespielen zu lassen – ein Bad in Klängen und Tasteindrücken.

Auf dem Klangweg im Schweizer Lichtensteig (www.klangwelt.ch) gibt es unter dem Namen »der loschtige Puurehag« dagegen einen Klangzaun über einer Brücke – unter Verwendung eines Klöppels lassen sich beim Gang am Zaun entlang Schweizer Volkslieder zum Erklingen bringen. Und auf dem Weg der Sinne in Haag am Hausruck ist auch der Gesamtklang eines gefällten Baums zu hören.

5 Das Monochord

◂ Ungehörte Klänge entstehen auf den Saitenfeldern von Manfred Bleffert in Heiligenberg.

▸ Klassisches Monochord von Heinz Bürgin im Sensorium im Rüttihubelbad.

Obwohl die griechischen Begriffe monos (μόνος) und chorde (χορδή) übersetzt »eins« und »Saite« bedeuten, haben wir es heute meist mit mehrsaitigen Instrumenten zu tun, wenn wir von einem Monochord sprechen. Ursprünglich – und das war vor gut 2500 Jahren im antiken Griechenland – hatte das Instrument wirklich nur eine einzige Saite und trug seinen Namen zu Recht.

Das war zu einer Zeit, wo es noch keine Arbeitsteilung gab und deshalb das zusammen war, was zusammengehört: die Physik, die Mathematik und die Musik. Zwar wissen wir auch von Menschen der Neuzeit, wie Albert Einstein, dass sie nicht nur Wissenschaftler, sondern auch Musiker waren, doch damals war nicht das eine Beruf und das andere Hobby, sondern man war schlicht Mensch. Einer von diesen hieß Pythagoras. Und der erlebte am Monochord etwas, was man heutzutage so manchem Schüler wünscht: Die Mathematik basierte auf einer sinnlichen Erfahrung und nicht nur auf abstrakten, nackten Zahlen. Der – wie jeder Mensch – musikalisch begabte Pythagoras war beim Vorbeigehen an einem Steinbruch auf die abwechslungsreichen Tonfolgen aufmerksam geworden, die das Klopfen der Steine erzeugte. Das Phänomen verfolgte er am Monochord weiter und erkannte dabei – wie er schon bei den Steinklängen gefühlt hatte – physikalische und mathematische Bezüge. So erforschte er Teilungsverhältnisse von Saiten und entwickelte Darstellungen von Tonsystemen. Auch andere bekannte Namen aus dem griechischen Altertum werden mit dem Monochord in Verbindung gebracht, bespielsweise Euklid und Ptolemäus.

Einige der damaligen Experimente lassen sich leicht nachvollziehen. Wie verhalten sich Schwingung und Saitenlänge? Genauer: Schwingt eine längere Saite öfter oder seltener als eine kürzere? Ist der Ton höher oder tiefer? Was hat also die Tonhöhe mit der Saitenlänge zu tun? Oder: Wie teile ich die Saite ein, um bestimmte Töne zu erhalten? Gibt es dafür Kriterien? Wo entsteht Resonanz, schwingt also etwas mit? Und wo nicht? Wann lassen sich Obertöne hören, und wo entstehen sie? Gibt es auch Untertöne, und wann hört man sie?

Man spanne eine Saite oder einen Metalldraht über zwei Stege auf einer Kiste – und schon ist man im wahren Wortsinn im Besitz eines Monochords. Zupft man diese Saite an, schwingt sie in ihrem Grundton. Wer genau hinhört, wird auch sehr schnell erkennen, dass nicht ausschließlich der Grundton erklingt, sondern auch höhere Töne zu hören sind – Obertöne. Man kann nun, die Saite leicht zwischen den Fingern haltend oder mit einem Hölzchen abtastend, an ihr entlangfahren und immer wieder zupfen. Während man auf diese Weise die Saite und deren Schwingungsmöglichkeiten verkürzt, wird sich an bestimmten Stellen ein deutlicher, klarer Klang ergeben, dort nämlich, wo sich ganzzahlige Teilungsverhältnisse ergeben.

◂ *Der Klangkäse ist eine Erfindung von Berndt Vogel, zu finden im SINNEsgarten der Johannes-Diakonie Mosbach.*
▸ *Die Klangwiege auf dem Mars Skipper Hof in Kotzenbüll stammt aus der Allton Manufaktur (www.allton.de).*

Spannend ist das Erlebnis, dass wir mit dem Ohr ohne Mühe sehr feine Unterschiede wahrnehmen können, viel feinere als mit dem Auge. Frage ich etwa, wo die genaue Mitte der Saite ist, so lässt sich das noch einigermaßen abschätzen. Ein Drittel oder ein Viertel werden dagegen selten richtig geschätzt. Das Ohr kann am Klang der Saite jedoch ganz leicht erkennen: Da ist es – denn ganzzahlige Teilungsverhältnisse klingen »gut«. So erklingt die Hälfte der Saite in dem allen angenehmen Intervall einer Oktave. das Verhältnis 3 : 2 als Quinte, 4 : 3 als Quarte, 5 : 4 als große Terz und 6 : 5 als kleine Terz. Auch wenn die Quarte für die meisten Zeitgenossen »dissonant« klingt – es bleibt das Erkennen eines deutlich klingenden Tons, sobald man das Verhältnis 4 : 3 ertastet hat; während man knapp links und rechts neben der Stelle nur einen dumpfen Ton hört, klingt es an der richtigen Stelle hell und klar. Musikalische Intervalle erklingen also immer in ganzzahligen Maßverhältnissen. Dabei bleiben die genannten einfachen Zahlenverhältnisse im gewohnten harmonischen Bereich, doch je größer die Zahlen werden, desto disharmonischer und ungewöhnlicher wird es für unsere Ohren.

Hat man nun ein neuzeitliches Monochord vorliegen, ist dieses meist aus einem Resonanzkörper gebaut (einige aber auch nicht, wie etwa die »Wellenreiter« des Instrumentenbauers Rüdiger Schödel) und mit unterschiedlich vielen Saiten versehen, die alle auf denselben Ton gestimmt sind.

Die Einfachheit des Instruments ermöglicht jedem einfühlsamen Menschen das Spiel. Durch die gleiche Stimmung der Saiten treten die sonst nicht so leicht hörbaren Obertöne in den Vordergrund und verstärken und überlagern sich zu zauberhaften Klängen. Zugleich wird deutlich, dass diese sphärischen Klangwolken nicht vom Spieler erzeugt sind – er löst sie nur aus. Während wir uns im Lauf von Jahrhunderten in der abendländischen Musik daran gewöhnt haben, auf einen Einzelton zu hören – wodurch die große sinfonische Vielfalt unserer Musik erst enstehen konnte –, ist in den Sphärenklängen eines Monochords die Ganzheit eines Tons zu erleben, wie das typisch für natürliche Klänge ist. Wegen dieser und anderer Erfahrungen, die sich am Monochord ergeben können, wird es auch gerne therapeutisch verwendet.

Zupft man auf diesem Vielsaiter nur eine einzelne Saite an, so stellt man erstaunt fest, dass alle anderen Saiten mitklingen, sofern sie alle auf denselben Ton gestimmt sind. Bringt man den beweglichen Steg jedoch auf eine der erwähnten Stellen mit ganzzahligen Verhältnissen, sagen wir, auf zwei Drittel der Saite, so erklingt beim Anzupfen die Quinte. In diesem Fall klingen nun alle anderen Saiten ebenso in der Quinte, obwohl der Steg bei ihnen nicht verschoben wurde. Die Quinte, das Verhältnis 3 : 2, das Teil des Ganzen ist, wird in der ganzen Saite zum Mitschwingen angeregt, wenn von außen nur der Teil ertönt.

Darin offenbart sich das Geheimnis des Monochords und all der obertonreichen Instrumente, die seit einigen Jahrzehnten mehr und mehr in die Aufmerksamkeit der Menschen kommen. Seien es der Dudelsack, die Djembe, das Didgeridoo, die Nasenflöte oder die Sitar, um einmal je ein Instrument für jeden Erdteil zu nennen, ihnen allen ist gemeinsam, dass sie einen einzigen Ton umspielen, auf ihm aufgebaut sind, sich aus ihm ergeben. Während sich vor allem in der westlichen Musik durch die Temperierung des Tonsystems eine einmalige Emanzipation von den Naturtönen und eine nie dagewesene Vielgestaltigkeit in den daraus resultierenden Werken ergeben hat, erwacht seit kurzem weltweit ein Interesse an »Eintönigkeit«. Schon Rudolf Steiner hat 1924 darauf hingewiesen, dass dem Einzelton eine große Zukunft bevorstehe. Man solle lernen, im einzelnen Ton die Melodie wahrzunehmen.

Wo immer also etwas gleich klingt, da entsteht Resonanz, da schwingen zwei oder mehrere zusammen. Und was da zum Schwingen angeregt wird, kann durchaus nur ein Teil einer Ganzheit sein. Was da angeregt wird, das wissen wir sehr genau, das braucht nicht nur im physikalischen oder musikalischen Bereich zu liegen. Uns allen ist das seelische Phänomen bekannt, wenn wir mit jemandem »auf derselben Wellenlänge liegen«. Und es gibt interessante Beispiele genug, wie die, die »gut miteinander können«, auch physisch zusammenschwingen.

Noch etwas anderes lässt sich mit dem Monochord darstellen, sofern es mehrere Saiten hat, sagen wir, wenigstens acht: Es lässt sich in eine unbegrenzte Zahl von unterschiedlichsten Tonsystemen und Stimmungen bringen. In diesem Fall platziert man die beweglichen Stege so, dass beim Zupfen der Saiten die gewünschten Töne zu hören sind, und los geht's. Mit ein wenig Geschick lässt sich so binnen weniger Minuten vom alten Griechenland über einen orientalischen Harem in die atonale Neuzeit springen. Besonderen Spaß macht neben dem Zupfen der Saiten das Spielen mit Klöppeln.

Wie gesagt, lassen sich die Grunderfahrungen am Monochord leicht an einer einzigen Saite demonstrieren. Auch lässt sich ein einfaches Monochord mit mehreren oder vielen Saiten an ein, zwei Tagen leicht selbst erbauen, wenn man die notwendigen Materialien vorliegen hat. Doch haben die unterschiedlichsten Menschen und Institutionen eine Fülle von Objekten geschaffen, die in ihrer Vielfalt und Qualität weit über das hinausgehen, was man im allgemeinen mit einem Monochord verbindet. Da gibt es etwa die Klangwiegen oder Klangstühle verschiedener Hersteller wie www.boehmemusic.com oder www.svaram.org, auf denen man liegen oder sitzen kann, während man von einem Partner »bespielt« wird. Dabei erlebt man den Klang nicht nur über die Ohren, sondern intensiv über den ganzen Leib. Die famose Klangmühle des Schweizers Heinz Bürgin (www.pythagoras-instrumente.ch), die sich an einer tibetischen Gebetsmühle orientiert, ermöglicht ähnlich starke Erlebnisse wie die ganz einfach aussehende Klangsaite von www.richter-spielgeraete.de. Hier werden drei Stahlsaiten auf einen Stahlbogen aufgespannt, was ein Spiel mit Verzerrungen und mit tieferen Tönen erleichtert.

Auf dem Toggenburger Klangweg (www.klangwelt.ch) gibt es zwei weitere Stationen, die zur Familie des Monochords gerechnet werden können. Bei den »Saitenschellen« sind Saiten mit Kuhglocken verbunden – ein Ohrenschmaus, für den sich die Wanderung lohnt und der zum Mitsingen einlädt. Beim »Klangsträmel« hingegen ist eine verziehbare Saite an einem liegenden Baumstamm angebracht, wodurch auch der Klang des Holzes hörbar wird. Und Manfred Bleffert hat mit seinen »Saitenfeldern« ungehörte Töne in die Neue Musik gebracht (www.manfred-bleffert.de).

◂ *Im Klangraum von Reinhild Brass in Witten-Annen.*

6 Die Windharfe

◂▸ *Windharfen von Jutta Kelm auf dem Mars Skipper Hof in Kotzenbüll.*

Die Windharfe oder auch Äolsharfe, Geister- oder Wetterharfe ist eine Sonderform des Monochords. Wie dieses hat sie eine oder mehrere Saiten und ist gewöhnlich auf einen einzigen Ton gestimmt. Während das Monochord jedoch von einem Menschen gespielt wird, scheinen die Töne bei der Äolsharfe wie von Geisterhand erzeugt zu werden – die ständig wechselnden Bewegungen des Windes regen die Saiten zur Vibration und zum Tönen an. Der Name Äolsharfe leitet sich von Äolus, dem griechischen Gott des Windes her. Gerne wird sie mit der Poesie in Verbindung gebracht und ist von den Dichtern vor allem im 19. Jahrhundert viel besungen worden.

Äolsharfen finden sich heute in vielen Erfahrungsfeldern. An ihrer weiteren Verbreitung zeigt sich jedoch auch, wie die Themenkreise Wahrnehmung, Kontemplation, aber auch Geomantie und bewusste akustische Umweltgestaltung (englisch: »Soundscape«) eine immer breitere gesellschaftliche Aufmerksamkeit erfahren. So werden Windharfen in der Garten-, Park- und Landschaftsgestaltung als klingende Skulpturen verwendet und betonen dabei oft die lokalen Gegebenheiten von zugigen Ecken und windigen Plätzen.

Die Erweiterung des menschlichen Erlebnisbereichs vom Sehen zum Hören, aber auch zum Spüren hin wird dabei manchmal durch die Gestaltung von »Hör-Inseln« verstärkt. Entsprechend werden Windharfen auch in Kindergärten, Schulen oder Seminarzentren als Elemente der Wahrnehmung oder der Kontemplation einbezogen. Die Windharfe ist immer ein guter Anlass zum Hören. Ihre ungewöhnlichen Klangteppiche erleichtern das Aufgehen im Hören und haben einen beruhigenden Effekt. Die meist unbewusst im Hintergrund unseres Bewusstseins wabernde, reiche Klangwelt zeigt sich oft erst nach Verklingen der Windharfe. Je nach Standort, offenbaren sich Zikaden, Schafe, Hähne oder Amseln, aber auch Autobahnen, Flugzeuge und Stereoanlagen. Man kann das alles im Sinn von John Cage annehmen, der als Musik all das bezeichnete, was wir zu hören bekommen. Andererseits ist Wahrnehmung der erste Schritt für gezielte Veränderung – Veränderung der Qualität und Quantität unserer akustischen Umgebung, die an vielen Orten gesundheitsschädigend wirkt.

Wie das Monochord gibt es heute auch Windharfen in reicher Vielfalt und Größe. Obwohl das Hören im Vordergrund steht, haben viele interessante Formen einen Eigenwert als Skulptur. Gemeinsam ist allen ein oft länglicher Resonanzkasten, meist mit Schalllöchern. Auf diesem sind Saiten in beliebig großer Anzahl, jedoch oft in unterschiedlicher Beschaffenheit und Dicke, aufgespannt, die auf einen einzigen Ton abgestimmt werden. Weil die Saiten der Äolsharfe vom Wind angeregt werden, entstehen unendlich feinere und geheimnisvollere Klänge als beim Monochord.

▲ *Schwirrholz und* ▼ *Windharfe von Jutta Kelm auf dem Mars Skipper Hof in Kotzenbüll.*

▸ *Die klingende Saite einer Windharfe auf dem Mars Skipper Hof in Kotzenbüll.*

Denn der Grundton ist bei der Windharfe, wenn überhaupt, dann nur noch sehr schwach und mit viel Aufmerksamkeit zu hören. Ihr wie körperloser Obertonreichtum der vielen sich überlagernden Saitenschwingungen bringt einen farben- und kontrastreichen und fast ständig sich verändernden, schwerelosen Klang hervor.

Das wird noch verstärkt durch die mit dem Wind verbundene Ungewissheit und Spontaneität. So kann es durchaus vorkommen, dass bei starkem Wind nichts oder im Fortissimo auf Dauer eher uninteressante Klänge entstehen, dagegen bei leichtesten Luftbewegungen zauberhafte Akkorde und Melodiefolgen zu hören sind.

Schon von König David ist zu lesen, er habe nachts einer Windharfe gelauscht. Auch im Mittelalter ist sie bekannt, doch die erste wissenschaftliche Abhandlung stammt von Athanasius Kirchner aus dem 17. Jahrhundert. Die Romantik führte ab dem Ende des 18. Jahrhunderts zu einer weiten Verbreitung vor allem auf den britischen Inseln und in Norddeutschland. Die überwiegend aus Holz gebauten Harfen wurden oft in Gärten und Parks aufgehängt, wo sie zur Erbauung und Unterhaltung der Gäste dienten.

Neue Aufmerksamkeit erfährt das Instrument seit Ende des 20. Jahrhunderts. Eine besondere musikalische Hommage schuf dabei 1976 der berühmte norwegische Saxophonist Jan Garbarek mit seiner Schallplattenproduktion »Dis«, wo er mit einer in einem Fjord aufgestellten Windharfe im Duo spielt. Eine der größten Windharfen wurde von einem anderen bekannten Musiker entwickelt und gebaut, dem Harfenisten Rüdiger Oppermann. Die über vier Meter hohe Harfe wird vom Luftzug des Rittersaals des alten Baden-Badener Schlosses zum Tönen angeregt. Sie nimmt eine Tradition auf, stand an diesem Ort doch von 1851 bis 1920 schon einmal eine Windharfe. Heute gibt es Windharfen in unterschiedlichsten Formen und Materialien. Die wichtigste Erbauerin von Windharfen mit Erfahrung seit 1994 ist die Oldenburgerin Jutta Kelm.

Der Wind als Klangerzeuger lässt sich allerdings auch an anderen Orten erleben, auch wenn es sich dabei um eine andere Art der Tonerzeugung handelt – das Heulen des Windes hat jeder schon erlebt. Ein berühmtes Beispiel ist die über dreihundert Meter lange »Singing Bridge« in New South Wales, Australien, die bei bestimmten Windverhältnissen als Klangerzeuger fungiert. Ein anderes Beispiel erlebte ich in der Wüste Gobi. Im Süden der Mongolei gelegen, schon nah an der Grenze zu China, gibt es hier die »Singende Düne«. Eine viele Kilometer lange und gut hundert Meter hohe Sanddüne – deren Besteigung nicht ganz einfach ist, bleibt doch jeder Schritt im tiefen Sand stecken – wird vom Wind immer wieder zum Schwingen angeregt. Ein tiefer, erschütternder, beglückender Klang ist die Folge, eine Vibration, die Leib und Seele erfasst und die strapazenreiche Reise vergessen macht.

An eine Äolsharfe
(Eduard Mörike)

Angelehnt an die Efeuwand
Dieser alten Terrasse,
Du, einer luftgebornen Muse
Geheimnisvolles Saitenspiel,
Fang an,
Fange wieder an
Deine melodische Klage!

Ihr kommet, Winde, fern herüber,
Ach! von des Knaben,
Der mir so lieb war,
Frisch grünendem Hügel.
Und Frühlingsblüten unterweges streifend,
Übersättigt mit Wohlgerüchen,
Wie süß bedrängt ihr dies Herz!
Und säuselt her in die Saiten,
Angezogen von wohllautender Wehmut,
Wachsend im Zug meiner Sehnsucht,
Und hinsterbend wieder.

Aber auf einmal,
Wie der Wind heftiger herstößt,
Ein holder Schrei der Harfe
Wiederholt, mir zu süßem Erschrecken,
Meiner Seele plötzliche Regung;
Und hier – die volle Rose streut, geschüttelt,
All ihre Blätter vor meine Füße!

7 Der Summstein

◂ *Summstein aus lokalem Sandstein im Sinnespark Haus Kannen, Münster.*
▸ *Summstein von Richter Spielgeräte im Erfahrungsfeld Nürnberg.*

Summlöcher und Summsteine gibt es seit Jahrtausenden: mehr als kopfgroße Hohlräume in einem Felsen oder großen Stein. Es sind keine natürliche Erscheinungen, sondern bewusst von Menschen hergestellte Formen.

Das wohl älteste bekannte Summloch erlebte ich in Malta. Zu den vielen Löchern in den steinzeitlichen Tempeln gibt es so viele Deutungen wie Menschen. Nicht alle kann man guten Gewissens als Summlöcher bezeichnen, denn manche befinden sich etwa auf dem Boden vor einem Tempeleingang. Anders ist das mit der ohrenförmigen Nische im Hypogäum von Mnajdra. Dieses unterirdische (= »Hypogäum«) Bauwerk ist vor 5000 Jahren ohne Metallwerkzeuge drei Stockwerke in die Tiefe getrieben worden, und zwar in den reinen Fels. Über den Sinn der Anlage, in der sich unter anderem eine »Venus von Malta« genannte Kleinskulptur und mehrere tausend Schädel fanden, wird spekuliert. Doch das wird nebensächlich für den, der eine leibliche Erfahrung mit dem dortigen Summloch macht.

In dieses UNESCO-Weltkulturdenkmal erhalten täglich nur wenige Personen Einlass, und auch denen ist es nicht gestattet, den Wänden allzu nahe zu kommen, um dem Bau mit der feuchten Atemluft keinen Schaden zuzufügen. Doch die Intensität des Summlochs kann schon erlebt werden, wenn man aus einer gewissen Distanz hineinsummt, -brummt oder -singt. Die Vibration der reichen Obertöne und starken Bässe durchdringt den gesamten Bau und ist in allen drei Stockwerken massiv zu spüren. Das damit verbundene seelische Erlebnis gehört zu den tiefsten Eindrücken, denen sich ein Mensch willentlich aussetzen kann, vergleichbar vielleicht mit einer Sonnenfinsternis oder mit einer spontan auftretenden, unmittelbaren Einsicht, die weit über das Rationale hinausgeht.

Ähnliche Vorrichtungen, wenn auch mit schwächerem Effekt, gibt es in drei Kapellen in der Bretagne. Mit Hilfe der noch erhaltenen Summsteine soll der heilige Cado im Mittelalter Schwerhörige und Taube geheilt haben.

Hugo Kükelhaus hat das Phänomen wiederentdeckt und den Summstein in sein Erfahrungsfeld integriert. Man steckt den Kopf in das Loch im Stein und erzeugt dann einen Ton. Erstaunlicherweise treffen die meisten Menschen schon beim ersten Ansatz »ihren« Ton, den Ton, bei dem die stärkste Resonanz erlebbar wird, die manchmal bis zu den Zehen gespürt werden kann. Dieser Ton scheint so einmalig zu sein wie der Mensch, der ihn erzeugt.

Der Summstein ist ein wunderbares Spielgerät zur Erprobung der eigenen Stimme. Das Finden und Umspielen des eigenen Tons ist wie ein Ankommen bei sich selbst und verbindet zugleich mit der Welt. In diesem Sinn ist der Summstein ein Gegenstück zu der ursprünglich zum Erfahrungsfeld gehörenden Station des schalltoten Raums. Dort sollte der Besucher das Erlebnis von völliger Abwesenheit von Resonanz erfahren können. Das war jedoch für manche

◂ ▾ *Der aus Ibbenbürener Sandstein gearbeitete Summstein in Kotzenbüll wurde von den wandernden Steinmetzgesellen Wieland und Svenja nach einem Design der Leiterin des Mars Skipper Hofs Maren von der Heide angefertigt.*

▸ *Der Summstein im Park der Sinne, Bremervörde, wurde zur Landesausstellung 1991 direkt vor Ort aus einem Naturstein gehauen.*

Menschen zuviel; es kam sogar zu Gewalttätigkeiten. Der Summstein dagegen schenkt das tief befriedigende, für das menschliche Wohlsein so wichtige Gefühl von Resonanz, von Mitschwingen, Gehörtwerden und Antwort.

Hugo Kükelhaus schrieb: »Längerer Aufenthalt in einer gänzlich ›schalltoten‹ Kabine führt zu Gleichgewichtsstörungen, zu Übelkeit, Beklemmung und dem Gefühl des Isoliertseins. Man fühlt sich nicht nur von außen verlassen, sondern von sich selbst. Diese Selbstverlassenheit lässt verstummen.« Der Summstein ermöglicht genau die gegenteilige Erfahrung, nämlich Teil von etwas zu sein und etwas beitragen zu können. Das Spiel mit dem Summstein kräftigt die Stimme der Seele und führt zur Harmonie.

Über das seelische Wohlsein hinaus sind aber nicht nur aus dem Mittelalter Geschichten von Heilungen in Verbindung mit dem Hörsinn überliefert. Ich habe selbst erlebt, wie eine Fernsehmoderatorin, die buchstäblich ihre Sprache verloren hatte, über Monate am Summstein arbeitete. Als sie die Sprache wiederfand, führte sie dies vor allem auf die positive Wirkung des Steins zurück. Viele ermutigende Rückmeldungen habe ich auch von Menschen bekommen, die den Stein im Rahmen ihrer Tinnitus-Therapie nutzten. Der selbstgesteuerte Klang, das aufmerksame Zuhören und das angenehme Schwingen eines selbstproduzierten Klangs im eigenen Körper trugen offensichtlich für einige Menschen zur Verbesserung ihres Leidens bei.

Schon Hugo Kükelhaus sprach sich dafür aus, in jeder Schule einen Summstein aufzustellen. Ich füge hinzu: Ein Summstein würde in den Fernseh- und Radioanstalten, in den Theatern, in den Call-Centern und überall, wo Menschen viel sprechen müssen, besonders per Mikrophon, Wunder wirken. Die reale Resonanz des Steins schafft ein Gleichgewicht zu der fehlenden Resonanz der elektrifizierten Welt und hilft, sich selbst und seine Stimme länger gesund und rund zu erhalten.

Summsteine gibt es in den meisten Erfahrungsfeldern. Immer öfter sieht man sie auch in öffentlichen Anlagen und an Skulpturenwegen (wie denen in Herten oder Rodenbach). Summsteine gibt es zu kaufen, für die meisten Orte werden sie jedoch individuell hergestellt. Man sucht sich einen Stein aus der Gegend und einen Steinmetz, der den Stein behaut oder eine Gruppe dabei anleitet. So kommt es zu der reiche Vielfalt an Summsteinen, die so individuell sind wie die Erfahrungsfelder selbst.

Aber auch ohne Summstein lässt sich eine ähnliche, wenn auch beileibe nicht so starke Erfahrung machen, indem man sich zum Beispiel die Hände, zu einer Muschel geformt, auf die Ohren hält. Besser noch ist eine alte Übung aus dem Nada Yoga, dem Yoga des Klangs: Man sitzt oder steht aufrecht, schließt die Augen, hält die Arme seitlich und steckt die Zeigefinger in die Ohren. Dann summt man beim Ausatmen mehrmals lange und genussvoll.

8 Die Wasserklangschale

▸ *Wasserklangschale von Dr. Erich Bäuerle im Park der Sinne, Hannover-Laatzen.*

Die Wasserklangschale kam Ende der 1990er Jahre ins Erfahrungsfeld. Der Pforzheimer Silberschmied Christof Grosse hatte Bilder einer Bronzeschale in einem Katalog über chinesische Kunst entdeckt. Nach vielem Tüfteln und immerwährenden Verbesserungen hatte er nicht nur einen Nachbau geschaffen, sondern ein Instrument, das bald das Interesse von Erfahrungsfeldern fand. Inzwischen sind daraus einzigartige Erfahrungsstationen entstanden. Die Rohlinge für diese Klangschalen werden in einer deutschen Glockengießerei hergestellt und in der Werkstätte von Grosse bearbeitet und patiniert.

Wir wissen nicht, wie die auf jenem alten Foto abgebildete Schale geklungen hat. Heutige chinesische Produkte, die Grosses Schalen durchaus ähnlich sehen, sind jedenfalls mit seinen Arbeiten nicht zu vergleichen. Man kann sie zwar mit Mühe zum Schwingen bringen, kaum aber zum ansprechenden Tönen.

Grosses Klangschale – er selbst nennt sie »Wasserspringschale« – ist ein vollwertiges, neuartiges und multisensorischen Musikinstrument, das es in mehreren Größen gibt. Die meisten Erfahrungsfelder besitzen wenigstens eine Schale von etwa 80 Zentimetern. Seit kurzem gibt es sogar eine Schale von einem Meter Durchmesser und einem Gewicht von 95 Kilogramm. Sie fasst 80 Liter Wasser.

Um die Schale zum Klingen zu bringen, wird sie mit Wasser gefüllt. Dann befeuchtet man die Hände und legt sie auf die beiden Griffe der Schale. Je fettfreier die Hände, um so mehr Erfolg ist der nun folgenden Aktivität beschieden: Durch Reiben der Hände oder Finger auf den polierten Reibeflächen wird die Schale in Schwingung versetzt. Das Prinzip gleicht dem Reiben eines Weinglases, dem man einen Ton entlocken möchte.

Die Vibration der Schale überträgt sich auf das Wasser und versetzt dieses in Schwingung, während sich ein vielfältiger Klang ausbreitet. Wie alle Instrumente ist die Schale auf einen Grundton gestimmt, der mehr oder weniger gut hörbar ist. Viel deutlicher entfaltet sich über dem Grundton ein reiches Obertonspektrum, das man mit feinsten Bewegungen der Finger kontrollieren kann. Je nach Klang entstehen unterschiedliche Muster auf dem Wasser, vergleichbar den Mustern auf den Chladni'schen Klangplatten oder den Wasserklangbildern von Alexander Lauterwasser (www.wasserklangbilder.de). Die Vibration von Schale und Wasser kann so stark werden, dass sich Tröpfchen von der Wasseroberfläche lösen und in die Höhe spritzen. Die feinen Ziselierungen der komplexen Schwingungsformen sind wiederholbar, sofern man dieselbe Schwingung wieder erzeugen kann. Das Bezaubernde an der Wasserklangschale ist der Zusammenklang der Sinne, vor allem von Sehen, Hören und Tasten, Lebens- und Bewegungssinn.

Um den Reichtum an Klängen, Mustern und Vibrationseindrücken und die reiche Interaktion so recht genießen zu

▾ *Moislinger Klangschale auf dem Mars Skipper Hof in Kotzenbüll.*
▾▾ *und* ▸ *Wasserklangschale von Christoph Grosse im Erfahrungsfeld Kassel.*

können, ist einiges Ausprobieren und Üben nötig. Manche Menschen sind nur schwer wieder von einer Wasserklangschale wegzubekommen. Zugleich kann man erleben, was man auch sonst im Leben oft erfährt: Mit Hektik und Gewalt kommt nicht viel heraus, wohl aber mit Geduld und Bedachtsamkeit. So mancher hat schon resigniert aufgegeben, wenn mit großer Kraftanstrengung kaum ein Effekt zu erzielen war – nur um kurz darauf zuzusehen, wie ein anderer locker und flockig die schönsten Formen und Töne produziert. Gelassenheit und meditative Stimmung breiten sich ohnehin immer mehr aus, je länger man mit der Schale beschäftigt ist. Dann entdeckt man leicht die vielfältigen Spielmöglichkeiten mit verschiedenen Auflageflächen der Hände und Finger, unterschiedlichen Reiberichtungen und unterschiedlichem Druck.

Außerhalb der Erfahrungsfelder findet die Wasserklangschale in Wellnessbereichen von Hotels oder Kurkliniken, in Seminarzentren, Arztpraxen und auch im öffentlichen Raum immer mehr Verbreitung. In der Musik nutzen vor allem Künstler das Instrument, die besonderes Gewicht auf den Obertonreichtum des Klangs legen. Doch selbst im Pop-Bereich hat es schon Verwendung gefunden.

Unter dem Begriff »Wasserklangschalen« findet man aber mehr und mehr auch vollkommen anders aussehende Objekte. In den letzten Jahren hat der Pädagoge und Wasserforscher Erich Bäuerle mehr und mehr von seinen

»Moislinger Klangschalen« in Erfahrungsfeldern platziert. Diese Schalen aus Eisen erfahren einen ganz anderen Herstellungsprozess als die von Christof Grosse. Ihren vielen Varianten ist gemeinsam, dass die Form der Schale ein flaches Kugelsegment darstellt. Sie haben somit bei einer geringen Höhe sehr große Durchmesser.

Diese Klangschalen werden ebenfalls mit Wasser gefüllt. Ihr rustikales, ja archaisches Aussehen lädt jedoch zu einer ganz anderen Herangehensweise ein. In Vibration versetzt man sie durch Schläge auf den Rand oder auf die Unterseite. Auch hier erscheinen mit den Klängen sich bewegende und verändernde Muster im Wasser. Auch die Vibration selbst ist zu spüren, doch wird durch das Betasten der Schale der Ton abgedämpft und die Schwingungsdauer verkürzt.

Dagegen ist auch bei dieser Schale ein angenehmes Kitzeln zu spüren, wenn man die Hand ins schwingende Wasser hält. Die entstehenden Töne sind sehr unterschiedlich. Ein tiefer Ton, der unmittelbar nach dem Anschlagen der Schale mit Hand oder Fingern entsteht, ist unter und neben der Schale stark zu hören. Die Obertöne hört man jedoch auch weiter entfernt. Die Moislinger Klangschalen kann man draußen und drinnen aufstellen, verwendet werden sie aber meistens im Freien, wo sie zugleich skulpturale Wirkung entfalten und einen zum Spiel auffordern.

9 Der Wasserstrudel

Dem Wasser wird viel zugemutet. In vielen Ländern dieser Welt gibt es heute noch keine Kläranlagen; Kot und Urin von Menschen und Tieren, Abfälle und Verpackungen gelangen direkt in Flüsse, Seen und Meere. Viele industrialisierte Gegenden kennen keinen adäquaten Umgang mit Ölen, Schwermetallen und Chemikalien aller Art – das Wasser ist gut genug für ihre Aufnahme und ihren Abtransport.

Wasser bedeckt zwei Drittel der Erdoberfläche, und zwei Drittel des menschlichen Leibs bestehen aus Wasser. Das Wasser befindet sich in einem ständigen Kreislauf zwischen Himmel und Erde. Manches Wasser wird bis zu Tausenden von Jahren, das meiste aber viel kürzer in der Erde festgehalten, denn sein Wesen ist die Bewegung.

Im Lauf weniger Jahrzehnte haben die Menschen ihre Gleichheit und Verbundenheit mit dem Wasser und auch die Ehrfurcht vor ihm vergessen. Sie missbrauchen es als Mülleimer. Die Menschenrechte sind proklamiert worden, den Tieren sind Rechte zugestanden worden, im Jahr 2008 hat eine Arbeitsgruppe der Schweizer Regierung sogar erstmals anerkannt, dass Pflanzen Würde zugestanden werden muss und sie Anrecht auf Schutz und Respekt haben. Doch wie steht es mit dem Wasser? Wir betrachten es als H_2O, als chemisches Molekül, und haben immerhin irgendwann gelernt, dass ohne Wasser kein Leben ist. Es mag uns auch klar sein, dass von den vielen Chemikalien, die wir seit dem 20. Jahrhundert ins Wasser gekippt haben – von der eigenen Toilette bis zum großen Industriebetrieb – mehr und mehr im Wasser verbleiben: Wie wirkt sich ein Antibiotikum, wie eine Antibabypille aus, wenn sie in homöopathischer Verdünnung über den Wasserkreislauf aus dem Wasserhahn zurückkommen?

Mögen wir durchaus manches über das Wasser wissen, einen Bezug zum Wesen des Wassers haben wir nicht. Das Wesen des Wassers erfahren wir genauso wie das Wesen eines Menschen oder eines Tiers: wenn wir uns mit ihm auseinandersetzen, wenn wir ihm unsere Aufmerksamkeit schenken. Dafür sind Stationen wie der Wasserstrudel gebaut: dass wir anschauen können, was wir mit unserem Alltagsblick offensichtlich zu wenig sehen. Dass das Wasser schön ist, dass es ein Wesen ist, ein sehr, sehr großes Wesen. Warum sonst wäre es so wesentlich?

Die Station »Wasserstrudel« besteht aus einem durchsichtigen Zylinder, der zur Hälfte mit Wasser gefüllt ist. Unter dem Zylinder befindet sich eine Handkurbel, die ein Rührwerk auf dem Boden des Zylinders in Bewegung versetzt. Dreht man die Kurbel, so gerät das Wasser in Richtung der Schraubendrehung des Rührwerks in Schwung. Das Wasser steigt an den Wänden des Zylinders hoch und weicht in der Mitte zurück. Oder auch: Die Luft weicht an den Wänden zurück und dringt weiter in die Mitte vor.

Je schneller man dreht, umso länger dehnt sich die Vertiefung in der Mitte aus, ein Strudel entsteht, und die Luft-

◂ *Wasserstrudel im Sensorium im Rüttihubelbad.*
▸ *Wasserstrudel in der Sinn-Welt, Jordanbad Biberach.*

säule kann bis auf den Grund des Zylinders vordringen. Die Vertiefung zeigt die saugende Wirkung, das Ansteigen des Wassers die treibende Wirkung im Wasserstrudel. Die Wassermengen, die sich zum Trichter formieren, rotieren in spiraliger Bewegungsform in zwei Richtungen und erzeugen ihre eigene Gegenbewegung. Der Beobachter erlebt polare Kräfte in verschiedener Hinsicht und dabei jeweils, wie das eine mit dem anderen in Beziehung steht, von ihm abhängt: je mehr, desto weniger, je tiefer, desto höher, je schneller, desto langsamer.

Die im Wasserstrudel sichtbaren Phänomene erfreuen und ergreifen Menschen jedes Alters. Es zeigen sich verschiedene physikalische Gesetze, doch die Grunderfahrung der meisten Beobachter ist: »Ich habe etwas Wesentliches erfahren, ich bin berührt in meiner Seele.« Der Beobachter erlebt Aspeke des Wesens des Wassers. Und er erlebt so etwas wie die Grundfesten des Lebens: Polarität – Tag und Nacht, Sommer und Winter, Mann und Frau, Norden und Süden. So schwierig es oft das eine mit dem anderen hat – gerade die Spannung zwischen den Polaritäten macht das Leben aus. Und man versteht intuitiv, dass nur eine Qualität allein, zum Beispiel »gut«, nicht lebensfähig ist.

Mancher wird sich aber auch an ähnliche Phänomene erinnert fühlen und empfinden, dass diese Strudel, diese Wirbel an vielen Orten in der Welt auftreten. Fotos von fernen Galaxien oder der Milchstraße, von Hoch- und Tief-

Gesang der Geister über den Wassern
(Johann Wolfgang von Goethe)

Des Menschen Seele
Gleicht dem Wasser:
Vom Himmel kommt es,
Zum Himmel steigt es,
Und wieder nieder
Zur Erde muss es.
Ewig wechselnd.

Strömt von der hohen,
Steilen Felsenwand
Der reine Strahl,
Dann stäubt er lieblich
In Wolkenwellen
Zum glatten Fels,
Und, leicht empfangen,
Wallt er verschleiernd,
Leisrauschend
Zur Tiefe nieder.

Ragen Klippen
Dem Sturz entgegen,
Schäumt er unmutig
Stufenweise
Zum Abgrund.

Im flachen Bette
Schleicht er das Wiesental hin,
Und in dem glatten See
Weiden ihr Antlitz
Alle Gestirne.

Wind ist der Welle
Lieblicher Buhler;
Wind rauscht von Grund aus
Schäumende Wogen.

Seele des Menschen
Wie gleichst du dem Wasser!
Schicksal des Menschen,
Wie gleichst du dem Wind!

▸ *Wasserstrudel im Sensorium im Rüttihubelbad.*

druckgebieten auf der Wetterkarte, aber auch die Gestaltung menschlicher Gelenke und ein einfaches Schneckenhaus ähneln den Gestalten eines Wasserstrudels, in dem spiralige Bewegungen in zwei Richtungen rotieren und dabei ihren eigenen Gegenpart erschaffen. So schaut man auf Polarität als wichtiges Gestaltungsprinzip auf der Erde und im Kosmos, deren wesentliche Elemente in unendlich verschiedenen Größenordnungen vorkommen.

Eine wichtige praktische Verwendung findet der Wasserstrudel im biologisch-dynamischen Landbau. Das Hornmist- und das Hornkieselpräparat sind eine in sich selbst polare »Medizin« in der Landwirtschaft, das eine mehr für die Förderung des irdischen Elements, also des Bodens, das andere für das Kosmische, also die Harmonisierung von Licht, Wärme und Kleinklima. Diese Präparate werden – jedes für sich – eine Stunde lang in Regenwasser gerührt, wobei es darauf ankommt, Wasserstrudel wie die hier besprochenen zu erzeugen. Hat man, etwa mit einem Besen, das Wasser zu einem perfekten Strudel geformt, ändert man die Drehrichtung, wobei das Wasser zunächst chaotisiert und dann wiederum zu einem Strudel geformt wird. Das setzt man fort, eine ganze Stunde lang. Dann wird das so dynamisierte Wasser durch ein Sieb gegossen und ausgespritzt.

10 Flow Forms

Flow Forms findet man mehr im öffentlichen Raum, auf Plätzen, in Parks, in und an repräsentativen Gebäuden als in Erfahrungsfeldern. Ihnen fehlt der interaktive Aspekt, den viele Stationen des Erfahrungsfelds haben. In das Spiel mit dem fröhlich hüpfenden Wasser lassen sich am leichtesten Kinder ein und machen dabei tiefgehende Erfahrungen mit Kaskade und Wirbel, Chaos und Gestalt und dem rhythmischen Werden und Vergehen in ständigen Veränderungen. Ich persönlich finde die zu beobachtenden Phänomene so beeindruckend und die Auswirkungen auf das Wasser so wirksam und bedeutend, dass ich sie nur zu gerne in diesem Buch erwähne.

Der englische Begriff »Flow Forms« hat sich gegenüber dem deutschen »Wirbelschalen« auch bei uns durchgesetzt. Angeregt von Forschungen vor allem von Rudolf Steiner, George Adams, Theodor Schwenk und dem Herrischrieder Institut für Strömungsforschung entdeckte der Engländer John Wilkes 1970 »Das Flowform-Phänomen«, so sein Buch (ISBN 978-3927118201). Als Bildhauer studierte Wilkes Fließmuster und Fließrhythmen in der Natur und gestaltete Formen, die diese Bewegungen anregen und unterstützen.

Wie von den Klippen eines Gebirgsbachs springt das Wasser von einer Flow Form zur anderen und erhält dabei jeweils durch einen engen Ausfluss einen neuen Impuls. Obwohl es in die nächsttiefere Schale fast geradewegs hinunterfließen könnte, nimmt es nicht den kürzesten Weg

◄▼ *Flow Forms am Goetheanum in Dornach.*

zum dortigen Ausfluss, sondern macht eine eigentümliche Bewegung in Form einer liegenden Acht. Das rhythmische Aufstauen und Abfließen in dieser Lemniskate erinnert an die Atmung oder den Blutkreislauf des Menschen. Eine erstaunliche Skulptur, die das Flow-Form-Phänomen integriert, findet sich etwa im Schweizer Rüttihubelbad, wo die Zahl der Bewegungen auf dem einen Schalen-Niveau der Zahl der menschlichen Atemzüge entspricht, auf der anderen aber der des menschlichen Pulses.

Die Flow Forms erfrischen nicht nur das Wasser selbst, sondern auch die, die in diesem Wasser leben, die es trinken und auch die, die die rhythmischen Bewegungen in ihnen beobachten. Auch wenn die Frequenzen sich mit den Größen der Schalen ändern, überrascht bei allen die Schnelligkeit der Bewegungen, aber auch, wie sie sich in scheinbar endlosen Variationen wiederholen.

Flow Forms werden als eine Art Wasserskulptur mit Erfahrungsfeldcharakter an unterschiedlichsten Orten eingesetzt, vom Privatgarten zur Gartenschau, von der Empfangshalle zum Schulhof, für Wasserkaskaden, als Teil von Bachläufen oder als Quellsteine; dort erfüllen sie im weitesten Sinn ästhetische und pädagogische Funktionen. Sehr wichtig erscheint mir jedoch ihr Einsatz im Rahmen von Wasserreinigung und -heilung. Die gute Belüftung des Wassers durch die Flow Forms ist leicht zu erkennen. Die mehrfache Verwirbelung führt aber auch zu einer Anre-

◂ *Flow Forms am Goetheanum in Dornach.*

gung der Selbstreinigungskräfte, was bei Abwasserklärung, Wasseraufbereitung oder bei der Qualitätsverbesserung von Teich- und Seewasser eine Rolle spielt. An vielen Orten, wo es auf hohe Wasserqualität ankommt, wird heute in Flow Forms verwirbeltes Wasser verwendet. Beispiele dafür sind Bäckereien, wie Herzberger, Hersteller von Reinigungsmitteln, wie Sonett, und Heilmittelbetriebe, wie Wala, aber auch Gärtnereien und Höfe, die es für ihr Gießwasser oder für die Herstellung von biologischen Spritzpräparaten verwenden.

Diese Betriebe haben offensichtlich die Not des Wassers erkannt. Die globale Gemeinschaft hat nämlich nicht nur ein quantitatives Wasserproblem, das sich darin ausdrückt, dass etwa ein Drittel der Weltbevölkerung keinen gesicherten Zugang zu dem im Alltag benötigten Wasser hat. Die andere Frage ist die nach der Qualität des Wassers. Der größte Teil der verfügbaren Süßwasservorräte der Erde wird heute auf unadäquate Weise behandelt, den natürlichen Regenerationskreisläufen entzogen und entsprechend seiner Lebensenergie beraubt. Die Flow Forms und ähnliche Technologien, wie das Oloid (www.oloid.ch), ermöglichen diese Regeneration, weil sie sich der Natur abgeschaute Verfahren zunutze machen.

Die Flow Forms werden heute in vielen Ländern der Welt hergestellt und vertrieben, ob aus Keramik, Kunststoff, Glas oder aus Kunstgusssteinen. Besonders zu erwähnen ist der Neuseeländer Iain Trousdell (www.flowform.net), der seine Flow Forms in Vietnam produzieren lässt, um ihre Verbreitung in großem Maßstab zu befördern. Richter Spielgeräte (www.richter-spiegeraete.de) bietet neben verschiedenen Modellen aus Kunststein auch eine interaktive, »Virbela-Urform« genannte Anlage an, bei der man Edelstahlkreisabschnitte hin und her schieben und damit die entstehenden Wirbel spielerisch manipulieren kann.

Entsprechend sind Flow Forms in vielen bedeutenden Projekten zu finden. Gut 2500 größere Anlagen sind weltweit installiert. Herbert Dreiseitl etwa (www.dreiseitl.de) hat sie sehr prominent bei der Gestaltung des Hattersheimer Rathausvorplatzes verwendet, aber auch am Potsdamer Platz in Berlin, in Seattle/Washington, in Bejing oder bei der ökologischen Umgestaltung der kompletten Wasserflächen von Singapur kommen sie zum Einsatz. In der chinesischen Großstadt Chengdu spielen die Flow Forms eine wichtige Rolle bei der Reinigung städtischer Abwässer – die entsprechend gestaltete Wasserlandschaft dient der Bevölkerung als Sozial- und Erfahrungsraum. Auch John Wilkes selbst hat in England, aber auch etwa bei der Amsterdamer ING-Bank sehenswerte Flow-Form-Skulpturen erbaut. Über letztere schrieb die New York Times im Februar 1990: »Die poetischste und ökologischste Erfindung in dem ganzen Bau sind die Flow Forms.«

▾ *Flow Forms am Goetheanum in Dornach (unten, rechts) und im Erfahrungsfeld Nürnberg (Mitte).*

11 Strömungsformen

◂▸ *Strömungsformen im Phänomania Erfahrungsfeld, Essen.*

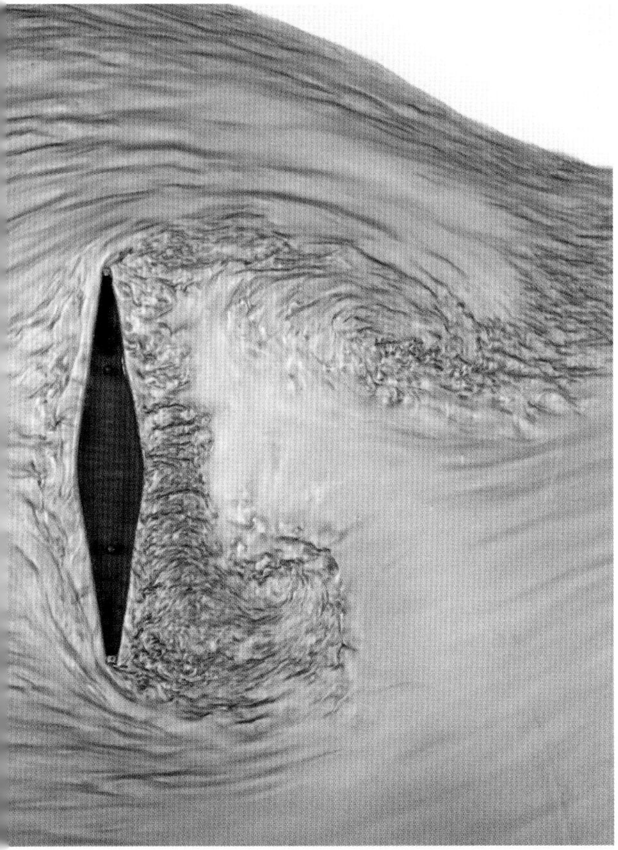

Strömungsphänomene begegnen uns im Wasser und in der Luft – ihre Formen gehören zu den schönsten in der Natur. Wer hat nicht schon die Kondensstreifen eines Flugzeugs verfolgt oder ein Blatt in der Strömung eines Flusses? Wer hat nicht schon bemerkt, wie strömend bewegt der Haaransatz eines Babys ist oder die Maserung eines Eichenbretts? Hugo Kükelhaus schuf mit der Strömungstafel und der Strömungsscheibe klassische Versuchsanordnungen, bei denen einige grundlegende Erscheinungen des Lebens beobachtet werden können. Dabei handelt es sich zunächst offensichtlich um Physik, doch bei näherem Hinsehen werden Zusammenhänge mit so weit auseinanderliegenden Gebieten wie Embryologie, Pflanzenwachstum und seelische Gesundheit deutlich.

Die Strömungsscheibe ist eine große, doppelwandige Acrylglasscheibe, deren Hohlraum mit destilliertem Wasser und Farbpigmenten oder Aluminiumstaub gefüllt ist. Sie ist so gelagert, dass sie leicht in eine wippende Bewegung versetzt werden kann – und mit ihr die Flüssigkeit im Inneren. An den eingeklebten Hindernissen verändert sich die Bewegung des Flüssigkeitsgemischs. Die Hindernisse bremsen, kanalisieren oder verändern auf andere Weise den Lauf der Flüssigkeit. Es entstehen Wirbel (Vortices), Spiralen und Mäander, wie das bei unterschiedlich schnellen Fließgeschwindigkeiten an vielen Stellen in der Natur beobachtbar ist, etwa im Grundwasser oder im Blutkreislauf oder – bei turbulenterem Verlauf – bei Luftströmungen. So sind etwa die Übergänge von einem Hochdruck- zu einem Tiefdruckgebiet immer von wirbelförmigen Erscheinungen der Luft geprägt. Hinter dem umströmten Körper entstehen die sogenannten Kármán'schen Wirbelstraßen. Ein herausragendes Beispiel sind Bilder von Luftströmen über den chilenischen Juan-Fernández-Inseln. Diese pazifischen Inseln sind mit Höhen von über 1300 Metern hoch genug, um den Luftstrom über dem Pazifikwasser zu stören, wodurch aus dem Weltall sichtbare Verwirbelungen entstehen, wie sie auch an der Strömungsscheibe erlebt werden können.

Wer die Strömungstafel zu heftig bewegt, wird wenig Spektakuläres erleben. Es wird ein Prinzip aus Naturheilkunde und Homöopathie deutlich, das Hugo Kükelhaus so zusammenfasste: »Schwache Reize wirken auslösend, mäßige Reize entwickeln, starke Reize hemmen, überstarke zerstören.« Bei maßvoller Bewegung jedoch sind die Strömungen in all ihrer Schönheit und Komplexität beobachtbar. Stauung, Sog, Zug, Druck und Verdrängung offenbaren sich deutlich, Ordnungen entstehen und vergehen im Nu. Auch technische Zusammenhänge können verständlich werden, etwa wie ein Flugzeug durch die unter den Flügeln entstehenden Wirbel überhaupt fliegen kann – eines der seltenen Beispiele, wo die an der Strömungstafel sichtbaren »Leichtkräfte« in der Technik eingesetzt werden. Würden

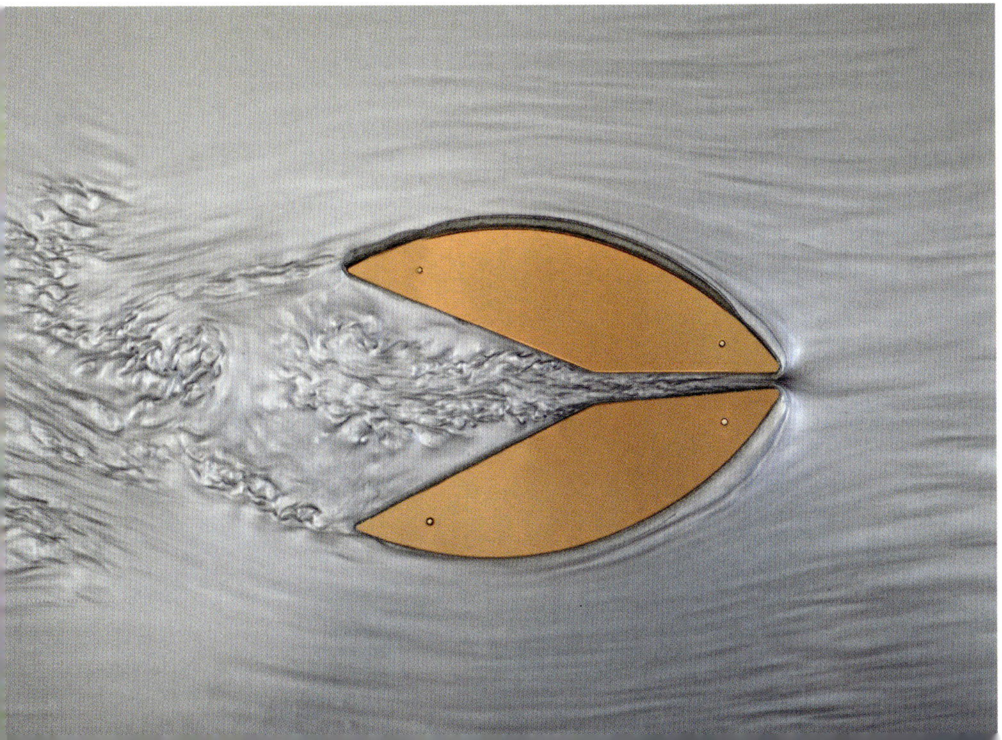
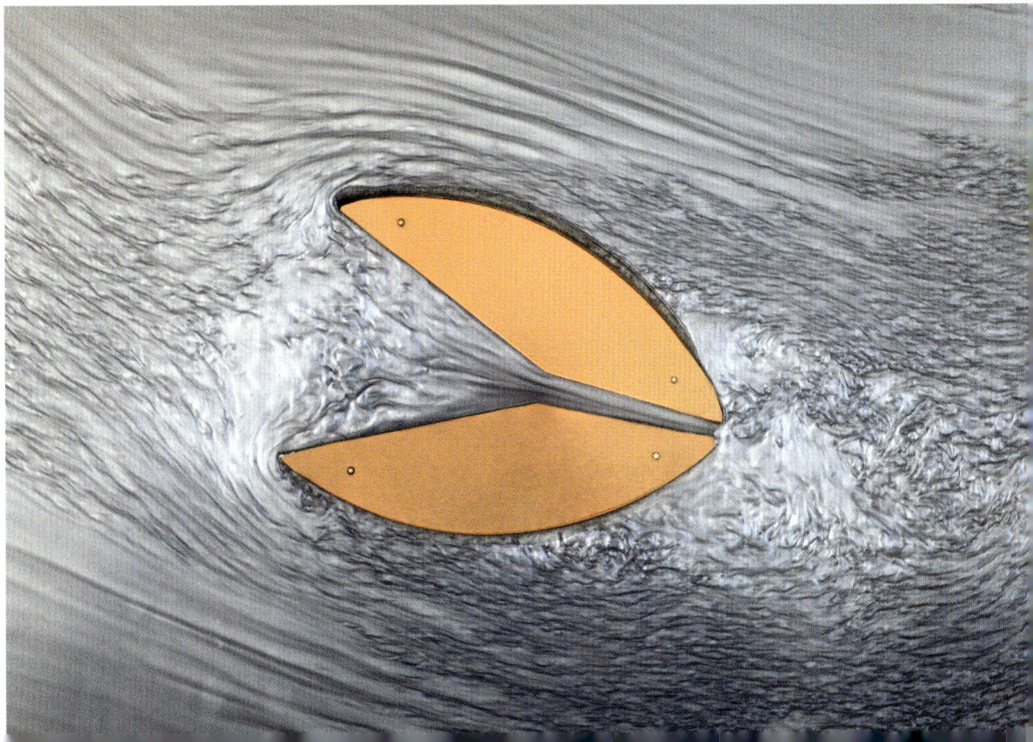

◂ *Strömungsform im Sensorium im Rüttihubelbad. Die abgebildeten Strömungstafeln stammen von Richter Spielgeräte (www.richter-spielgeraete.de) und gehen auf Designs von Hugo Kükelhaus und Wolfram Graubner zurück.*
▸ *Wirbelkette in strömendem Rauch.*

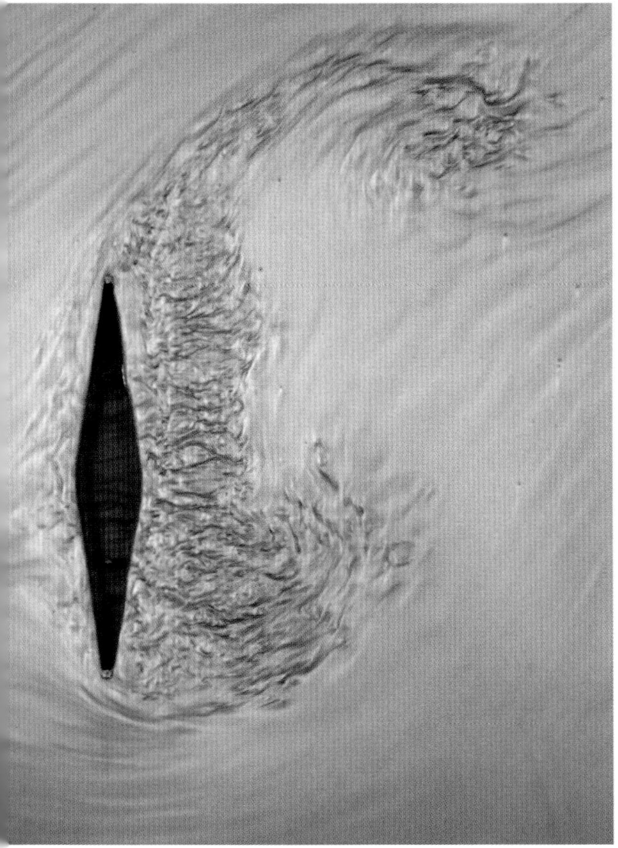

wir diese Kräfte besser studieren, könnten wir zu einer völlig anderen, neuen Technik finden, die statt auf Schwerkraft auf Leichtkraft, statt auf Explosion auf Implosion und statt auf Zerstörung auf Verlebendigung aufbaut.

Wer sich den Bewegungen hingibt, wird bemerken, dass diese eine Resonanz in ihm selbst auslösen und man etwas wie Verwandtschaft oder Bekanntheit erlebt. Die vor und hinter den Widerständen oder Düsen entstehenden Formen und Gebilde erinnern nicht von ungefähr an manche bekannte Bildungen in Mensch und Natur. Leicht sind an den rechteckigen Hindernissen Formen zu erkennen, die an einen Embryo oder ein Außenohr erinnern. An anderen Stellen tauchen für einen Moment Bilder von Knochenformationen oder sich wandelnden Pflanzenteilen auf. Weil das Leben nicht nur stammesgeschichtlich, sondern auch für jeden einzelnen Menschenleib im Flüssigen begonnen hat, scheinen entsprechende Bildungsvorgänge tief im Gedächtnis des Menschen eingeprägt zu sein.

Wie bei vielen anderen Naturphänomen versucht man, ähnliche Phänomene auch im Verhalten und im Umgang von Menschen zu entdecken. Erstaunlich ist etwa, dass die Strömungstafel dort uninteressant bleibt, wo keine Widerstände vorhanden sind – an diesen Stellen ist nur graues Nichts. Die schönen Formen entstehen gerade an den Widerständen. Menschen lernen am besten und sind am kreativsten, wo sie sich mit Widerständen auseinanderzusetzen haben, auch wenn ihnen das zunächst oft nicht angenehm ist. Auch Fragen nach Grenze, Blockade und Widerstand lassen sich an der Strömungstafel studieren: Wie bin ich im Fühlen blockiert, wie im Denken und wie im Handeln? Und welche Fähigkeiten können dadurch erzeugt werden, dass ich an diesen Stellen blockiert bin, und welche, wenn ich die Blockaden auflöse?

Eine andere Form der Darstellung von Strömungen ist die kardanisch aufgehängte Strömungsscheibe. Die runde Scheibe ist genauso befüllt und bestückt wie die rechteckige Tafel. Die beobachtbaren Phänomene sind ähnlich, doch die möglichen Spielvarianten sind größer.

Aus meiner Sicht sollten Strömungstafel und Strömungsscheibe wieder größere Beachtung in den Erfahrungsfeldern finden. Zum Beispiel ist im »Wundergarten« des Salzburger Lustschlosses Hellbrunn (www.stadt-salzburg.at) eine Strömungstafel in hervorragender Weise und in bestem Zusammenhang positioniert. Das Zentrum des 32 Meter durchmessenden Gartens bildet eine der in Kapitel 9 beschriebenen Wirbelschalen mit ihrer charakteristischen liegenden Acht. Zwei Becken dienen zum Tasten und Schmecken von Wasser. Wasserstrudel (Kapitel 8) und Strömungsscheibe ermöglichen eine eher meditative Beobachtung, und ein durch eine Lichtschranke ausgelöster »Wasservorhang« lässt einen das Nass mit dem ganzen Leib erfahren.

12 Zeit: Sandpendel, Lissajous'sches Pendel, Rieseltafel und Vibrationstafel

Der französische Physiker Jules A. Lissajous beschrieb 1855 eine Form von Pendelschwingung, die heute seinen Namen trägt. Eine färbende Pendelspitze ist so aufgehängt, dass sie knapp ein darunter liegendes Blatt Papier berührt. Die Unterlage mit dem Papier ist selbst beweglich, so dass das Pendel und die Unterlage unterschiedlich schwingen können. Bei Bewegung des Apparats entstehen die schönsten Kurven auf dem eingelegten Papier. Sie sind so individuell wie Gesichtszüge oder ein Fingerabdruck, das Ziehen einer Tarot-Karte oder das Werfen des Yijings. Sie können als Momentaufnahme des soeben selbst gegebenen Impulses aufgefasst werden, der genau das darstellt, was und wie man in diesem Moment verfasst ist. Es bietet sich an, die Zeichnungen, mit Datum und Unterschrift versehen, als Andenken mit nach Hause zu nehmen.

Eine verwandte Station ist das Sandpendel. In der einfachen Form ist nur das Pendel und nicht die darunter angebrachte, mit Sand gefüllte Schale beweglich. Das Pendel schwingt rund bis oval und zeichnet entsprechende Spuren in den Sand. Mit seinem Ausschwingen werden die Formen immer kleiner. Die Beobachtung des einfachen Sandpendels ist umso interessanter, je länger die Schnur des Pendels ist, denn je träger seine Bewegungen verlaufen, umso spannender ist es, zu sehen, was tatsächlich im Sand erscheint. In seiner Form als Lissajous'sches Pendel, also mit beweglicher Schale, kann im Sand ein unbegrenzter Reichtum an Formen entstehen. Nach einiger Zeit dreht sich die Schwingungsrichtung, und vorher entstandene Linien werden durchkreuzt, verworfen und neu definiert. Man sieht, wie Spuren entstehen und vergehen, wie sich neue bilden, die die alten sogleich in einen anderen Zusammenhang bringen, und wie alles sich stetig verändert. Wie Leben entsteht. Und Zeit vergeht. Und man fühlt sich an John Lennon erinnert, der sagte: »Leben ist das, was passiert, während man andere Pläne macht.«

Ähnlich ist das auch bei der Rieseltafel, die als Standtafel in einer festen Halterung drehbar angebracht ist. Die Tafel selbst hat man aufrecht vor sich wie ein Gemälde, jedoch kann man sie jeweils um 180 Grad drehen. Wie die Strömungstafel besteht sie aus doppelwandigem Acrylglas, dessen Hohlraum in diesem Fall mit zwei oder mehr Arten unterschiedlich gefärbtem und unterschiedlich gekörntem, feinem Sand gefüllt ist. Auch mehrere Sperrleisten sind in dem Hohlraum fest verklebt und trichterartig angeordnet. Wird die Tafel auf den Kopf gedreht, kommen die Körner ins Rutschen und Rieseln. Während der Sand im oberen Teil weniger wird, häuft er sich unten an. Wegen ihres unterschiedlichen Gewichts fließen die verschieden gefärbten Körner in verschiedenen Geschwindigkeiten, und Gleiches gesellt sich zu Gleichem: das Große zum Großen, das Leichte zum Leichten, Berge und Gipfel entstehen, Prozesse wie Erosion und Aufbau sind zu beobachten. Es bilden sich

◂ *Sandpendel im Phänomania Erfahrungsfeld Kassel.*

▸ *Sandpendel aus der Installation »Rote Achse« von Hans-Jörg Palm im Erfahrungsfeld Eins + Alles, Welzheim.*

unterschiedlich gefärbte Schichten, auch wenn die Entmischung nicht vollkommen ist – bei jedem Sandberg entsteht eine individuelle Mischung von Farben und Größen.

Wird die Tafel abermals bewegt und wieder in Ruhe gelassen, verändert sich das Bild erneut, die Sandkörner kommen in Bewegung, und was zunächst nach Chaos aussieht, strukturiert sich schnell in Berge und Täler. Und mit dem Fließen des Sands fließt die Zeit. Es entsteht ein sinnlicher Eindruck von »Geschichte«, in deren Verlauf das langsame Rieseln von Zeit und Staub Schicht über Schicht legt – bis dann ein Sherlock Holmes kommt, der eine Ge-Schichte aufdeckt, oder ein Heinrich Schliemann, der viele Meter an Ge-Schichte über dem versunkenen Troja abträgt. Und auch hier ist mit Hektik nichts erreicht – wer die Rieseltafel rasch auf und ab kippt und sich keine Muße dafür nimmt, hat sich höchstens abreagiert, aber weder Geschichte noch Zeit erlebt. Wieviel mehr an Muße und Geduld müssen wohl die aufbringen, die tatsächlich Geschichte erforschen oder gar Ausgrabungen machen?

Die Magnetvibrationstafel ist eine Verwandte der Rieseltafel. Auch sie gehört zu den frühen Entwicklungen von Hugo Kükelhaus, ist jedoch heute nur noch selten zu sehen. Die kardanisch gelagerte, runde Doppelscheibe ist mit einem Gemisch von Sand und Eisenspänen gefüllt. Im Ausgangszustand ist es einigermaßen gleichmäßig über den ganzen Raum verteilt. Man klopft mit dem Handbal-

Rieseltafeln von Richter Spielgeräte
◂ im Sinnespark Haus Kannen, Münster, und
▸ im Phänomania Erfahrungsfeld, Essen.

len kräftig und unablässig an der Scheibe und bringt so den Inhalt in Bewegung. Sand und Eisen beginnen zu tanzen und formieren sich in Strukturen und Mustern, wie sie von seichten Stellen an Flüssen oder am Meeresstrand bekannt sind. Wer einmal aus dem Flugzeug Berge und Täler, Flüsse und Seen, Wüsten und Krater gesehen hat, wird sich beim Blick auf die Vibrationstafel daran erinnert fühlen. Da die Tafel neben Sand auch Eisenspäne enthält, lassen sich die Materialien mit einem Magneten entmischen. Zieht man mit ihm auf der Oberfläche der Tafel entlang, so zeichnet man damit Spuren in die vorher entstandene Landschaft und bringt eine neue Dimension in sie hinein.

Bei all diesen Stationen spielt Zeit die Hauptrolle. Durch das Schwingen von Pendeln, das Rieseln oder Hüpfen von Sand wird erlebbar, was Impulse auslösen können, wie wir mit unseren Entscheidungen und Taten die Welt verändern. Zeit wird als kleine Einheit erfahrbar, die etwa in Form von rieselndem Sand vor den eigenen Augen abläuft. Aber auch eine Ahnung von langen Epochen kommt auf: Der rieselnde Sand erinnert an die während Tausenden von Jahren abgelagerten Schichten der Erde.

13 Der magische Ring

◂▸ *und folgende Seiten: Der magische Ring im Dynamikum Pirmasens stammt aus der Werkstatt von Jack Mankiewicz (jayam@manart.de).*

Gespannte Atmosphäre im Erfahrungsfeld. Gut 150 Menschen, groß und klein, haben sich um eine glänzende, leicht konkave Schale aus offensichtlich schwerem Metall geschart. Das ganze Szenario hat Show-Charakter, die Beleuchtung ist auf die Schale in der Mitte gerichtet, um die sich alles drehen wird. Das leise Gemurmel verstummt, als eine Mitarbeiterin mit einem etwa zwei Handspannen großen und zwei Finger dicken Ring in die Mitte tritt. Sie gibt den Ring einigen Gästen zur Prüfung in die Hand, um deutlich zu machen, wie massiv und schwer er ist. Dann setzt sie den Ring mit einem deutlich hörbaren Klick auf die Platte auf – und versetzt ihn in Drehung.

Was folgt, stellt alle Theorien von Aufmerksamkeitsdefizit und Desinteresse auf den Kopf – Zeit wird zu Ewigkeit, alle sind ganz im Hier und Jetzt. Augen, Ohren, alle Sinne und die ganze Aufmerksamkeit der Anwesenden sind auf die Bewegungen des Rings gerichtet, von denen Wissenschaftler errechnet haben, dass sie rein theoretisch von unendlicher Dauer sind. Dass es dann doch zu einem Ende kommt, ist in der Theorie nicht vorgesehen. So mancher Besucher aber geht so in der Beobachtung des Phänomens auf, dass es sich tatsächlich wie Unendlichkeit anfühlt.

Die Bewegungen und Erlebnisse beim Tanz des magischen Rings zu beschreiben, ähnelt dem Versuch, einen Kuss mit den chemischen Reaktionen im Mund zu erfassen. Der Zauber, der von beidem ausgeht, das Verlangen, es wiederzuerleben, kann schwer in Worte gefasst werden. Insofern gilt hier wie bei allen Erfahrungen: Man muss es tun, man muss so einen magischen Ring in Aktion erleben.

Die Erfahrung der Bewegung des Objekts ist begleitet von Reflexionen, stetig sich wandelnden Ansichten und vor allem zum Ende hin von einem sich massiv steigernden Geräusch. Dreht sich der Ring zunächst um seine eigene Achse, kommt er irgendwann in eine taumelnde Bewegung, in ein drehendes Umfallen, das immer weniger den Erwartungen entspricht. Während sich dabei der Abstand des Rings zum Untergrund verringert, steigt die Bewegungsgeschwindigkeit an. In einer Endphase hat der Ring die Horizontale erreicht und scheint knapp über der Schale zu schweben. Diese Phase scheint unendlich fortgehen zu können und wird von einem ständig höher werdenden Ton begleitet – bis die ganze Vorführung mit einem plötzlichen, lauten Schlag zu Ende ist. Die atemlose Stille, die folgt, ist fast mit den Händen greifbar, und erst mit einem großen Applaus klatschen sich die Anwesenden in die Normalität zurück.

Eine blasse Ahnung von diesem großartigen Phänomen bekommt, wer seinen Ehering auf dem Tisch in Drehung versetzt oder einen Teller vertikal auf eine Unterlage aufsetzt und dreht. Dieses Phänomen ist in der Physik als Euler'sche Scheibe bekannt – der magische Ring ist damit

verwandt, doch in verschiedener Hinsicht so perfektioniert, dass man von einem eigenen Phänomen sprechen kann. Vor allem die Öffnung des Rings ergibt im Unterschied zu einer scheibenförmigen Münze ein wesentlich intensiveres optisches Erlebnis.

Ob sich eine Scheibe oder ein Ring dreht, hat auf den Bewegungsablauf kaum Einfluss, wie Forschungen des vergangenen Jahrzehnts zeigen. Ausgehend von einem Artikel Keith Moffatts in der Zeitschrift Nature, zeigen die Arbeiten einer Reihe von Wissenschaftlern, dass zwischen Ring und Scheibe vernachlässigbare Unterschiede bestehen. Versuche im Vakuum ergaben, das es nicht der Luftwiderstand ist, sondern Reibung, die den Bewegungsimpuls aufzehrt. Insofern spielt eine möglichst glatte Unterlage eine große Rolle. Das scheinbare Schweben des Rings gegen Ende des Kreiselns wird durch ein Luftkissen ermöglicht, dessen Auflösung schließlich zu dem abrupten Ende führt.

Wesentlich scheint mir die Perfektionierung des magischen Rings als physikalisches und ästhetisches Phänomen, seine Grenzstellung zwischen Physik und kinetischer Kunst. Sein Erfinder, der Künstler Jack Mankiewicz, hat offensichtlich aus einem ästhetischen Empfinden heraus die Ergebnisse der Wissenschaft in seinem magischen Ring vorweggenommen. Durch die Verwendung hochwertiger Materialien wird die Masse des Rings gesteigert, was die längere Dauer seiner Bewegung ermöglicht. Dadurch ergeben sich jedoch auch die akustischen und visuellen Effekte, die die Station zu einem »Hingucker« machen.

Von der Installation gibt es unterschiedliche Größen mit Ringen von 20 bis 32 Zentimetern Durchmesser, jeweils mit einer geschliffenen Edelstahlschale von 90 Zentimetern Durchmesser. Schon der kleinste Ring wiegt mehr als zwei Kilogramm und läuft knappe fünf Minuten. Der größte Ring hat ein Gewicht von mehr als sieben Kilogramm und läuft über zehn Minuten!

14 Gleichgewicht: Schaukeln, Hängematten und Co.

◂ *Schaukel in der Hugo-Kükelhaus-Schule Magdeburg.*

▸ *Balancierscheiben im Sensorium im Rüttihubelbad.*

Wie wichtig sinnliche Gleichgewichtserfahrungen sind, wird deutlich, wenn man sich vor Augen führt, wofür und in welchen Gebieten der Begriff überall benutzt wird: Man spricht vom seelischen und dem gesamtwirtschaftlichen Gleichgewicht, von einem ausbalancierten Machtverhältnis in der Politik, vom mechanischen, thermodynamischen und hydrostatischen Gleichgewicht in der Physik, vom systemischen und ökologischen Gleichgewicht, und das ist nur eine kleine Auswahl. Jedes Verständnis von Balance geht auf tatsächliche Erfahrungen mit dem eigenen Leib zurück – sonst hätten alle Begriffe keinen Sinn.

Entsprechend wichtig ist die Entwicklung eines gesunden Gleichgewichtssinns. Bei sinnlichen Gleichgewichtserfahrungen werden wir uns über unsere eigene Körperhaltung klar und orientieren uns im Raum. Wir entwickeln ein Gefühl für oben und unten – ob alles im Lot ist –, für links und rechts, vorne und hinten, Winkel und Neigung. Neben dem Gleichgewichtssinn selbst spielt dabei das Sehen eine Rolle, aber auch der Bewegungssinn, das Hören, der Lebens- und auch der Tastsinn. Durch Förderung des Gleichgewichts ermöglichen wir umfassende Grunderfahrungen, ein vertrauensvolles Stehen in der Welt, ein gesundes Urteilsvermögen und einen Sinn für Gerechtigkeit.

Interessant ist, dass solche Erfahrungen gerade durch die Störung des Gleichgewichts angeregt werden. »Entwicklung«, sagt der Göttinger Neurobiologe Gerald Hüther, »findet immer da statt, wo ein Gleichgewicht gestört wird.« Nichts scheint stärker im Menschen zu sein als der Drang nach Harmonie, Ausgleich und Mitte. Gesund ist der Mensch nur dann, wenn er sich immer wieder auf die Suche danach macht. Wo der Alltag von allzu viel Mittelmaß, Geradheit und gleichbleibendem Niveau geprägt ist, stirbt etwas. Wo schon in Kindergarten und Schule sich alles auf einer einzigen räumlichen Ebene abspielt, wo keine kleinen Gefahren mehr zum Sich-Erproben anregen, wo einen nichts mehr aus dem Gleichgewicht bringt, da wird Grundsätzliches versäumt. Daher sollten wir uns an vielen Stellen in Raum und Zeit, oft und an vielen Orten im Leben (Un-)Gleichgewichtserfahrungen aussetzen.

Viele Erfahrungsfelder verfügen über eine Partnerschaukel, Balancierscheiben und andere Stationen, die den Gleichgewichtssinn herausfordern. Besonders interessant sind Stationen zum Klettern. Nachdem wir unsere Umwelt von Hindernissen aller Art befreit und alles aus dem Weg geräumt haben, was den geraden Fluss der Dinge lähmt, nachdem wir alles Wilde gezähmt haben, ist das Bedürfnis nach dem Unregulierten umso stärker zurückgekehrt. Eine ganz neue Unternehmenssparte hat sich mit Kletteranlagen entwickelt, die sich großen Zuspruchs erfreuen. Wie bei den Erfahrungsfeldern stellt sich auch dort die Frage, wie man solche außergewöhnlichen Erlebnismöglichkeiten in den Alltag integrieren kann. Schon ein gefällter oder umge-

◂ *Balancierseil im Park der Sinne, Bremervörde (Entwurf von Wolfram Graubner, Richter Spielgeräte).*

▾ *Die Hängematten in der Hugo-Kükelhaus-Schule Magdeburg sind in einem Langhaus aufgehängt, wie es die Ureinwohner von Borneo noch heute nutzen. Idee und Zeichnung für das Langhaus stammen von Schulleiter Wolfram Stäps.*

▸ *Kletterstamm im Park der Sinne, Bremervörde (Entwurf: Wolfram Graubner, Richter Spielgeräte).*

stürzter Baum kann auf einem Spaziergang als Balancierstation dienen – sofern das nicht von gutmeinenden Eltern oder Erziehern verboten wird; die Erwachsenen verbieten es sich meist selbst. In jedem Kindergarten, jeder Schule, jedem Garten, auf Plätzen und in Fußgängerzonen sollten Balanciermöglichkeiten locken. Das muss nicht viel Aufwand bedeuten. Oft würde es schon genügen, vorhandene Zu-Fälle wie den gefallenen Baum schlicht liegenzulassen. Freilich sind bei den vom TÜV abgenommenen kommerziellen Kletterstationen alle Sicherheits- und Versicherungsfragen geklärt, die bei Balanciergelegenheiten immer und sofort Thema sind. Auch Balancierseile sind einfach zu installieren und von vielen Herstellern zu beziehen. Einen Kletterbaum kann man, sofern nicht vorhanden, selbst pflanzen und dabei das Wunder beobachten, wie er sich im Lauf von ein paar Jahren zu einer passablen Größe entwickelt. Eines der schönsten Erfahrungsfelder, das ich kenne, hat jede Menge außergewöhnliche Stationen zu bieten – jedoch ist ein alter Obstbaum, auf dem geklettert werden darf, der beliebteste Ort.

Auch das Schaukeln gehört zu den hier zu nennenden Stationen. Hugo Kükelhaus soll einmal geäußert haben: »Ein Leben ohne Schaukeln ist ein Missverständnis.« Erwachsene sollten sich fragen: Wann habe ich zuletzt geschaukelt? Und warum sollte ich das nicht öfter tun? Als Anregung dazu mag der Hinweis dienen, dass es viel mehr Schaukeltypen gibt als das an zwei Haken aufgehängte Schaukelbrett, wie wir es alle von Spielplätzen kennen. In einigen Erfahrungsfeldern gibt es die Einpunktschaukel in Form eines Korbs. Das eigenartige Erlebnis, dass man, anders als bei der gewöhnlichen Schaukel, nicht vorhersagen kann, was passiert, wird durch die Hülle des Rattankorbs, in dem man geborgen sitzt, verstärkt. Auch der Pendelstein ist in diesem Sinn eine Einpunktschaukel – das Erlebnis des Nicht-voraus-Wissens ist dasselbe. Durch das große Gewicht von meist 150 bis 200 Kilogramm entsteht jedoch beim Pendelstein sehr schnell das Erlebnis einer großen Leichtigkeit, und das nicht nur körperlich.

Als eine Sonderform der Schaukel könnte man die Hängematte bezeichnen. Ich habe mich selbst gewundert, als diese vor einigen Jahren in Erfahrungsfeldern auftauchten, wo man meinen könnte, Hängematten seien Bestandteil vieler Haushalte. Tatsächlich werden sie überall gerne angenommen, und es ist nicht einzusehen, warum nicht etwa in einem Park neben Bänken auch Hängematten in guter Qualität zur Verfügung stehen sollten. Das Gefühl des Ausatmens im Urlaub, das viele mit der Hängematte verbinden, könnte so in den Alltag integriert werden. Bei den vielen, vielen Eindrücken, die wir ständig »einatmen«, wäre die Gelegenheit zum Ausatmen wahrlich heilsam. Wie die Einpunktschaukel bietet auch die Hängematte das Erlebnis der Geborgenheit und dazu noch eine spezielle Art

◂ *Einpunkt- oder Weltenschaukel in der Sinn-Welt, Jordanbad Biberach. Der Korb wurde von Eckart Brandau hergestellt (Technik und Design: Wolfram Graubner, Richter Spielgeräte).*
▸ *Wackelweg auf dem Mars Skipper Hof in Kotzenbüll. Die Idee dazu hatte Leiterin Maren von der Heide, gebaut haben ihn die Tischlergesellinnen Nicola und Edda beim Gesellentreffen 2004.*

der Gleichgewichtserfahrung: Während man sich in der Öffentlichkeit meist in der Vertikalen bewegt, stehend oder sitzend, begibt man sich in der Hängematte in die Horizontale, was offensichtlich mit dem Gefült der Privatheit verbunden ist, das man in der Öffentlichkeit nicht gerne zeigt.

Auf manchen Spielplätzen gibt es einfache Seilzüge, an die man sich hängen kann, um eine Strecke daran entlangzugleiten. An allen Orten mit etwas Raum lässt sich so etwas leicht einrichten. Während der Leib durch das eigene Gewicht rasant gezogen wird, muss man das Gleichgewicht entsprechend fix anpassen. Noch einfacher, und dabei spannender, ist der Einsatz einer alten Kabeltrommel – aber natürlich gibt es so etwas auch schon als offizielles Spielgerät. Die Trommel rollt auf ihren Seitenscheiben und gerät leicht in Bewegung, wenn man auf sie steigt. Die Herausforderung ist, auf ihr stehen zu bleiben und sie dann willentlich zu bewegen und anzuhalten.

Es gibt auch ausgefeilte Kreationen: Die Wackelbrücke auf dem Mars Skipper Hof (www.eingartenfuerdiesinne.de) führt auf einzelnen, gerade noch schwimmfähigen Elementen über einen Teich. Wer zu lange auf einem Element stehenbleibt, wird nass. Wer es schafft, trocken am anderen Ufer anzukommen, kann es auch mal blind versuchen. Das »Schaalegluüt« auf dem Klangweg in Lichtensteig in der Schweiz (www.klangwelt.ch) besteht aus eisernen Schalen, auf denen man balancieren kann. Durch die Bewegungen werden Kugeln im Inneren der Schalen in Bewegung gesetzt, die dann auch Klänge erzeugen – ein Spiel, das nicht nur darauf hindeutet, dass wir mit unserem eigenen (Un-)Gleichgewicht auch Einfluss auf anderes haben, sondern das auch allen riesigen Spaß macht.

Immer, wenn wir gehen, stehen oder sitzen, haben wir mit dem Gleichgewicht zu tun, und immer beurteilen wir auch das, was sich außerhalb von uns befindet, nach dem Maß seines Gleichgewichts. Dazu gab es im Schweizer Rüttihubelbad (www.sensorium.ch) vor einigen Jahren eine Ausstellung mit »Steinmannli« des Glarner Künstlers Ueli Grass. Zum Glück sind einige davon als Dauerinstallation erhalten geblieben, und man kann sogar selbst am Bau eines Mannlis mitwirken. Dabei werden Steine lose aufeinandergestapelt, so dass nach und nach Objekte entstehen, die eine Ähnlichkeit mit Figuren haben. Das Spannende ist, dass die Steintürmchen in einem so fragilen Gleichgewicht stehen, dass man meint, das Mannli könne jederzeit zusammenfallen. Charlotte Fischer, die Fotografin dieses Buchs, hat beim Bau ihres Steinmannlis etwas erlebt, das wohl auch für andere Gleichgewichtsstationen stehen kann: »Es fängt an zu regnen. Längst ist mir klar, dass es bei den ›Steinmannli‹ in den Erfahrungsfeldern nicht nur ums Gleichgewicht geht: Ich bin mir selbst begegnet, meinen Ängsten, dem Mut, meinen Grenzen und dem Vertrauen.«

15 Die Pirouette

Die Pirouette ist eine der ursprünglichen Stationen des Erfahrungsfelds, die leider nur selten zu sehen ist. Das Gerät besteht aus einer einfachen, stabilen Konstruktion, die dem Nutzer spannende Erfahrungen mit physikalischen Kräften, mit dem eigenen Gleichgewicht und den Auswirkungen feinster Bewegungen ermöglicht. Anders als bei Geräten in Vergnügungsparks kann man hier aktiv erleben, wie der eigene Leib in ein Netz von Kräften eingespannt ist, derer man sich normalerweise überhaupt nicht bewusst ist. Zugleich werden Gleichgewichtssinn und Geschicklichkeit geschult, und man kann sogar lernen, wie man Schwindelgefühle überwindet.

Die Station besteht aus einer axial kugelgelagerten Drehscheibe, die man betreten kann. Auf Hüfthöhe ist ein Geländer angebracht, was einen vor etwaigen Stürzen schützt – eine kleine Türe öffnet und schließt das Geländer zum Ein- und Aussteigen aus der Erfahrung. Ein Anschieben am Geländer oder von außen durch einen Partner erleichtert den Beginn der Drehbewegung, ist aber nicht unbedingt nötig – sie ergibt sich durch den Wechsel der Körperhaltungen. Nach kurzem Ausprobieren wird einem ein erstaunlicher Effekt auffallen: Hat man die Arme eng am Körper, dreht man sich schneller und schneller um die eigene Achse, streckt man die Arme vom Körper weg, verlangsamt sich die Bewegung und kommt schließlich zum Stillstand. Es ist, als ob Gasgeben und Bremsen sich durch

Seiten 72, 73: Pirouette von Richter Spielgeräte im Phänomania Erfahrungsfeld, Essen – eine Entwicklung von Hugo Kükelhaus und Wolfram Graubner.
▸ *Pirouette im Sensorium im Rüttihubelbad.*

Verengung und Erweiterung der Körperhaltung ergeben – die Veränderungen des eigenen Körpers beeinflussen direkt die Drehgeschwindigkeit.

Diesen »Pirouette« oder auch »Schraube« genannten Effekt kennt man aus dem Ballett oder vom Eiskunstlauf: Die Drehung um die eigene Körperachse wird dort meist auf einem Bein ausgeführt; am bekanntesten ist die Variante, bei der der Fuß des Spielbeins am Knie des Standbeins angelegt wird. In der Station des Erfahrungsfelds ist eine ähnliche Bewegung durch die labil gelagerte Unterlage auch gut auf zwei Beinen möglich. Man muss jedoch genau im Mittelpunkt der Drehscheibe stehen, sonst verliert man leicht das Gleichgewicht und droht, über Bord zu gehen, wäre da nicht das schützende Geländer.

Man erlebt grundlegende Kräfte des Lebens auf der Erde, die uns als Schwerkraft, Fliehkraft und Anziehung bekannt sind. Und es wird deutlich, dass wir uns in unseren Haltungen und Bewegungen immer in Beziehung zur Erde verhalten, uns immer an ihr orientieren: Jedes Aufstehen, jeder Schritt ist ein Verhalten zur Erde, ein sich Beziehen auf die Erde. Die Drehbewegung der Pirouette und unser unmittelbares Einwirken darauf ermöglichen die direkte leibliche Erfahrung der unsichtbaren Kräfte, die auf der Erde wirken. Je besser wir fähig sind, unseren Leib zu lenken, je besser unsere Haltung ist, desto leichter lässt sich die Bewegung steuern. Je schlaffer wir durchhängen, desto weniger Effekt entsteht. Alles eine Frage der Haltung – und: Es geht darum, aus der eigenen Mitte zu handeln.

Spannend bleibt dabei, woran wir uns bei so viel Kreisen um die eigene Achse orientieren. Wie immer gibt es zwei grundsätzliche Richtungen: nach außen oder nach innen. Entweder geht man ganz in der Umwelt auf, erlebt sich als ein Teil von ihr, oder aber man sucht sich aus eigener Entscheidung einen Fixpunkt, den man bei jeder Umdrehung anpeilt – so ist es auch möglich, die bekannten Schwindelgefühle zu überwinden, die bei Kreisbewegungen leicht auftauchen.

Spannend bleiben auch Fragen wie: Wie kann der Mensch sich derart gegen die Erde verhalten, wie er es in unserer Zeit tut, wenn doch sein Organismus offensichtlich so stark auf sie bezogen ist? Wenn jede Haltung und jede Bewegung immer an der Erde orientiert ist, wie können wir täglich allein in Deutschland über 100 Hektar Fläche durch Bau von Straßen und Gebäuden versiegeln? Wie ist die Verschmutzung von Wasser, Luft und Böden möglich? Müssen wir »organlogisch« denken, wie es Hugo Kükelhaus bezeichnete, und nur auf die Weisheit unseres Leibs hören, um in Frieden mit Erde und Menschen zu leben?

16 Die Krabbelmulde

Die Krabbelmulde ist in ihrer Einfachheit kaum zu überbieten. Dabei schenkt sie grundlegende (Ur-)Erfahrungen mit universaler Gültigkeit. In der Verbindung von Einfachheit und Universalität ist sie auch ein typisches Beispiel für eine Erfahrungsfeldstation. Es geht um die Erfahrung von konkav und konvex sowie der Hülle, die diese Krümmungsformen zusammen bewirken. Die Station ist mir bisher nur aus dem Biberacher Jordanbad bekannt (www.jordanbad.de). In ihrer Einfachheit ist sie großzügig gestaltet, so dass ihr Prinzip deutlich erfahrbar wird. Die Intensität, mit der diese neue Station von den Besuchern angenommen wird, zeigt, wie hier etwas Wesentliches erkannt und umgesetzt wurde. Ich widme der Station ein eigenes Kapitel, weil ich sie als typisch für das Erfahrungsfeld und als bestens gelungen empfinde und ihr eine große Zukunft wünsche.

Ein leicht nach unten gewölbter Teller von mehreren Metern Durchmesser, ausgelegt mit blauem Teppich; darüber ein umgekehrt gewölbter Himmel; das Ganze im ruhigen Untergeschoß, eingebettet in eine warme und behagliche Atmosphäre – überhaupt nicht spektakulär, aber sehr gesucht und sehr wirksam, so zeigt sich die Krabbelmulde. Obwohl der Innenraum nur angedeutet ist, vermittelt sie ihn sehr befriedigend und nachhaltig – wie so oft zeigt sich, dass im Andeuten mehr Wahrheit liegt als im Überzeichnen. Die Verinnerlichung suchen Menschen nicht nur nach den vielen Eindrücken, die einem ein Erfahrungsfeld bietet. Ein solches Bedürfnis nach Innerlichkeit haben Menschen von Natur aus – und heute bei den vielen Eindrücken, die ständig auf uns einstürmen, immer stärker. Ein extremes Beispiel dafür ist dies: In den USA ist vor einigen Jahren ein Buch mit dem Titel »Shelters« (Schutzräume) erschienen. Darin wird aus Hunderten von Interviews mit drogensüchtigen, inhaftierten Jugendlichen geschlossen, dass sie zu Drogen griffen, um aus der Überfülle der Sinneseindrücke ihrer Umwelt zu entfliehen – und zuletzt in dem »Schutzraum« der Gefängniszelle genau das gefunden hatten, was sie eigentlich suchten.

Es sind inzwischen viele Methoden für Verinnerlichung, Ausatmen oder Beruhigung der Gedanken zugänglich, auch wenn sicherlich nicht alle nachhaltige Wirkung zeigen. In eine andere Richtung als die Krabbelmulde gehen etwa Methoden wie der Floating-Tank nach John C. Lilly. Dort liegt man schwerelos in körperwarmem Salzwasser in einem abgeschlossenen und vollkommen abgedunkelten Raum, was eine gewisse Ähnlichkeit mit der »Höhle« der Krabbelmulde hat. Während es einerseits zu dem versprochenen Entspannungseffekt kommt, löst sich die Identität der Persönlichkeit bei Aufenthaltszeiten von mehr als einer Stunde im Tank mehr und mehr auf, und es kommt zu halluzinogenen Erscheinungen – ein Effekt, um den es Lilly bei seiner Erforschung des menschlichen Bewusstseins ging. Die angestrebte Klärung und Beruhigung des Bewusst-

◂ ▸ *und Seiten 78, 79: Krabbelmulde in der Sinn-Welt, Jordanbad Biberach, eine Entwicklung von Wolfram Graubner (Richter Spielgeräte).*

seins entwickelt sich hier zu einer Überflutung von Eindrücken, die aus der eigenen Erinnerung auftauchen. Ganz anders ermöglicht die vergleichsweise sanfte Technologie der Krabbelmulde die Befriedigung des Bedürfnisses nach Geborgenheit und Hülle bei Tagesbewusstsein und unter Beibehaltung und Stärkung des Ich-Bewusstseins.

Wie bei manch anderer Erfahrungsfeldstation sind es auch bei der Krabbelmulde zumeist erst die Kleinen, die sie neugierig und ohne Scheu ausprobieren: sich an den Rand setzen, hineinlegen, abrollen, kringeln, krabbeln, kugeln, auf dem Bauch oder dem Rücken liegen und den »Bauch« wahrnehmen, in dem man sich befindet. Erwachsene brauchen ein bisschen Mut, es ihnen in der »Öffentlichkeit« eines Erfahrungsfelds gleichzutun.

Die Klarheit und Reinheit in der Darstellung des Phänomens »Höhle« durch die Krabbelmulde ist sehr zu begrüßen. Leider werden bei ähnlichen Versuchen häufig noch sanfte Musik oder langsame Herztöne eingespielt. So etwas entkräftet das Phänomen und lässt es nicht zur Entfaltung kommen. Mit der Krabbelmulde ist die Entwicklung einer Station ganz im Sinn von Hugo Kükelhaus gelungen, weil das Phänomen zwar zur Darstellung gebracht, aber nicht bis zu Ende definiert wird. Es ist – wie die Wölbungen der Mulde und des dazu polaren Himmels – gerade nur angedeutet und lässt damit vieles offen. Und genau das ermöglicht Spielraum – Raum zum Spielen.

17 Die Doppel-Helix

Auch die Doppel-Helix ist eine der Stationen, die zunehmend aus den Erfahrungsfeldern verschwinden und zu denen Mitarbeiter immer weniger sagen können. Sie bietet keinen schnellen Kick, was leider auch an diesen Orten der Wahrnehmung vermehrt nachgefragt wird. Sie gehört jedoch zu den ursprünglichen Stationen und verdient höchste Aufmerksamkeit als Urphänomen, wegen ihrer trotz einfacher Erscheinungsform großen Komplexität und ihrer Bedeutungstiefe. Langweilig ist sie nur im besten Sinn des Worts ...

Denn um die Bewegungen der Doppel-Helix zu verfolgen, braucht es eine Weile. Gibt man der dabei entstehenden Ruhe und Entspannung Raum, kann man sich eine lange und immer längere Weile mit der Bedeutung der Beobachtungen beschäftigen und den geheimnisvollen Gefühlen nachspüren, die sie erzeugen. Mit der Doppel-Helix ist man in ganz besonderer Weise dem Mysterium des Lebens auf der Spur.

In der im Erfahrungsfeld gebräuchlichen Variante wird ein einzelner Strang eines Metallbands so zu einer Doppelwendel gebogen, dass eine äußere und eine innere Windung oder Spirale entstehen. Diese Doppelspirale wird üblicherweise an einer Schnur leicht drehbar an einem Haken aufgehängt. Es gibt jedoch auch Standgeräte, wie etwa im Garten der Sinne in Hornburg am Harz, wo die Station in einem festen Ständer befestigt ist.

◂ *Eine Doppel-Helix im Erfahrungsfeld Kassel; im Hintergrund Rotierende Scheiben und ein Gong.*
▸ *Doppel-Helix im Sensorium im Rüttihubelbad.*

Die Doppel-Helix wird mit der Hand in langsame Drehung versetzt. Ist sie einmal in Bewegung, dreht sie sich eine Zeitlang in eine Richtung, kehrt dann die Drehrichtung um und so fort, einige Male im und gegen den Uhrzeigersinn, bis der Anfangsimpuls aufgebraucht ist. Beim Beobachten entsteht der Eindruck, dass sich die innere und die äußere Spirale gleichzeitig drehen – während die eine scheinbar nach abwärts steigt, steigt die andere aufwärts. Bei der Umkehr der Drehrichtung wechseln beide Spiralen die Richtung. Dass sich tatsächlich jeder Punkt des Geräts ständig auf derselben Ebene befindet, also seine Höhe nicht ändert, lässt sich leicht demonstrieren, wenn man einen oder mehrere Klebepunkte auf den Spiralen befestigt. Der unmittelbaren Erfahrung des gleichzeitigen Aufsteigens und Absteigens tut das aber keinen Abbruch. Wir sehen einen Kreislauf, bei dem die beiden gegensätzlichen Bewegungsrichtungen so auseinander hervorgehen, wie sie ineinander einmünden, auch wenn wir wissen, dass in der physikalischen Wirklichkeit immer alle Punkte in derselben Ebene bleiben. »Die Spirale vereinigt in sich die gegensätzlichen Bewegungsformen der Linearität und Zirkularität,« so Hugo Kükelhaus.

Ruhe und Freude, die sich beim Beobachten einstellen, bringen einen ganz natürlich auf Überlegungen etwa über den ewigen Kreislauf der Dinge. In einer Bewegung finden zugleich Auf- und Abstieg statt, die Gegensätze finden ihre Einheit ohne Anfang und Ende – ein universales Prinzip, das sich an vielen Stellen im Menschen, auf der Erde und im Kosmos findet. Schon seit Urzeiten finden sich Abbildungen der Einzelspirale und deuten auf ihren Stellenwert in den Gedanken der Menschen. Wir finden die gegenläufige Schraubenbewegung in Naturerscheinungen wie dem Wasserstrudel, dem Tannenzapfen oder der Sonnenblume.

Ein Gleichnis für das Leben ist die Doppel-Helix in vieler Hinsicht. Denn Leben ist ein rhythmisches Wechselspiel gegenläufiger Kräfte wie Nähe und Distanz, Erstarrung und Auflösung, innen und außen, Fallen und Steigen, dunkel und hell, Tag und Nacht, Leben und Tod. Und spätestens seit den Arbeiten des Biologen Rupert Sheldrake wissen wir: Alles hat mit allem zu tun. Die Doppel-Helix steht damit auch für eine Zeit nach einem auf linearem Fortschrittsglauben basierenden Raubtierkapitalismus, der nur ein steigendes Bruttosozialprodukt kennt, ein Immer-Höher, Immer-Weiter, Immer-Mehr, wo doch die Erde begrenzt ist. Ihre rhythmisch pendelnde Bewegung steht für das Einbeziehen aller und von allem, sie »vereinigt in sich die gegensätzlichen Bewegungsformen der Linearität und Zirkularität.« Das bedeutet aber vor allem auch das Einbeziehen ihres Beobachters in allen seinen Aspekten.

18 Das Labyrinth

◂ *Heckenlabyrinth im SINNEsgarten der Johannes-Diakonie Mosbach.*

Am Anfang sei bemerkt: Ein Labyrinth ist kein Irrgarten, auch wenn beide gerne in einen Topf geworfen werden. In einem Labyrinth gibt es nur zwei Wege – einen hinein und einen hinaus. Dass der Weg hinaus ein anderer ist als der hinein – obwohl es doch scheinbar derselbe ist – gehört zu den Grunderkenntnissen im Labyrinth. Der Weg mag verschlungen sein und oft die Richtung wechseln, aber Verzweigungen hat er keine, also kann man sich auch nicht auf ihm verirren. Freilich tut das eventuell anderweitigen Gefühlen keinen Abbruch – wer beispielsweise den Weg nicht mit guter Wachheit geht, mag plötzlich mit dem Gedanken aufwachen, dass er nicht mehr weiß, an welchem Punkt des Labyrinths er sich befindet und in welcher Richtung der Weg hinausführt. Doch ist das Verirren nicht Sinn des Labyrinths. Dazu wurden in der Renaissance eben die Irrgärten erfunden, interessanterweise in der Zeit, als das moderne Bewusstsein des Menschen zu entstehen begann, ein Bewusstsein, in dem sich früher für unverrückbar gehaltene Tatsachen mehr und mehr auflösten, ein Bewusstsein, in dem der einzelne mehr und mehr auf sich selbst gestellt wurde, wo er früher auf die Führung durch andere vertraut hatte. Labyrinthe hingegen scheinen hier mit ihrer klaren Führung wenig Problematik zu bieten, aber auch entsprechend wenig »Zerstreuung«. Worin liegt dann ihr Sinn? Offensichtlich gehört es zu den Reizen von Labyrinthen, dass ihr Sinn nicht so offensichtlich ist.

Das Aufkommen der Irrgärten hat dem Labyrinth keinen Schaden getan, es entwickelte sich parallel zu ihnen weiter und erlebte zunächst in der Romantik und dann zum Ende des 20. Jahrhunderts einen großen Aufschwung. Begonnen hat die Geschichte der Labyrinthe allerdings gut 3000 Jahre zuvor, als sie in einer relativ kurzen Zeitspanne in mehreren Weltregionen erstmals auftauchten. Die ersten bekannten Zeugnisse von Labyrinthen zeigen das sogenannte kretische Labyrinth, so zum Beispiel eine gebrannte Lehmtafel aus dem Jahr 1220 vor Christus oder eine Silbermünze von 400 vor Christus, beide aus Griechenland. Die neben der kretischen bekannteste Form des Labyrinths ist die aus der Kathedrale von Chartres. Während das kretische sieben Umgänge hat, hat dieses elf. Es ist etwa 800 Jahre alt und hat im Original – als Mosaik in den Boden des Hauptschiffs eingelassen – einen Durchmesser von 12,8 Metern. Beide Formen finden sich heute in vielen Größen und Ausfertigungen an vielen Orten der Welt.

Wie das Labyrinth in der Geschichte in unterschiedlichsten Darstellungen auftaucht – als Bauwerk, als Kalkzeichnung, als Pflanzung, als Felsritzung, als Mosaik oder Fingerzeichnung, als Zeichnung oder Druck – so ist auch heute eine Vielzahl von Gestaltungen zu finden. Das reicht von einem geschwind ins Gras gemähten Rasenlabyrinth über Stein- und Heckenlabyrinthe zu Kugel-Labyrinthen, Labyrinthbrunnen oder in Holz gefrästen Labyrinthplat-

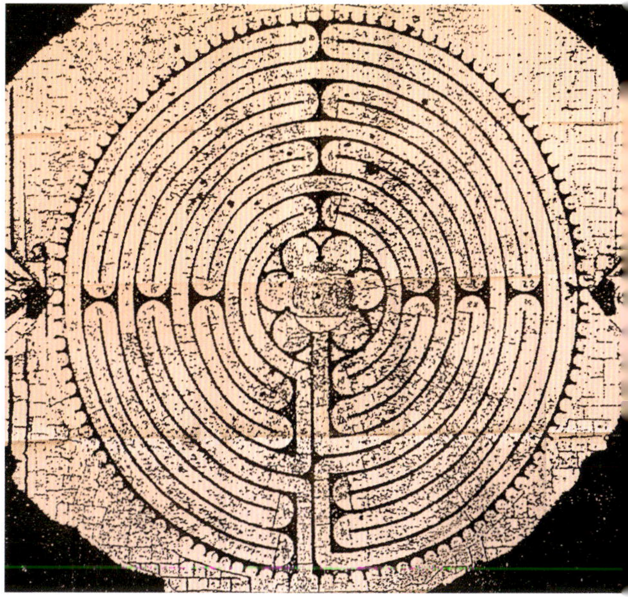

▴ *Darstellung des Labyrinths von Chartres aus einem Workshop von Lothar Bracht beim Wirtschaftsforum im Goetheanum in Dornach, Herbst 2009.*

▾ *Aus Bruchsteinen gelegtes Labyrinth im Erfahrungsfeld Nürnberg.*

▾ *Labyrinthbrunnen im Sinnespark Haus Kannen, Münster; eine Idee der Leiterin Ilse Copak.*

ten. Auch die Konstruktionen gehen über die von Kreta und Chartres weit hinaus, und erstaunlicherweise tauchen immer wieder neue auf. Auch wenn die historisch belegten Muster begrenzt sind, sind der menschlichen Fantasie durchaus neue Labyrinthformen vorstellbar, und so gibt es neue Formen mit Serpentinen, Spiralen und Mäandern, die in die unterschiedlichsten Umrisse eingepasst sind.

Labyrinthe sind – so könnte man sagen – »naturgemäß« Teil von Erfahrungsfeldern. Denn wie viele andere hier zum Erlebnis gebrachte Phänomene deutet das Labyrinth auf menschliche Grunderfahrungen und Archetypen hin: ein Weg von außen nach innen, von innen nach außen, ein Weg, der vorgezeichnet ist und nur mit einem Willensentschluss begangen wird, ein Eingang und ein Ausgang, Punkt und Kreis, Mitte und Peripherie. Auch geht das Labyrinth auf eine nicht vollständig zu klärende Vergangenheit zurück und lässt in seinen Deutungsmöglichkeiten Raum für eine Menge von Ansätzen. Kurz gesagt, ist es mit vielen Fragezeichen verbunden und regt den Nutzer zu vielfältigem Sinnieren an – wenn er sich nicht von denen, die ganz sicher wissen, wie es gemeint ist, eine Anregung geben lässt … Schon bei den historischen Labyrinthen ist man sich nicht einig, wie sie zu sehen sind. So mag ein Labyrinth etwa Teil einer Stadtmauer sein und offensichtlich architektonische Funktionen haben – aber ob das der einzige Grund für seine Existenz an dem betreffenden Ort ist, kann niemand sagen. Besonders von Frauengruppen wird hervorgehoben, dass Labyrinthe Bewegungsabläufe vorgeben, die Tänze oder Teil von Tänzen sein können. Auch der Vergleich mit dem menschlichen Lebenslauf oder einzelnen Handlungen drängt sich auf, besonders wenn man den Weg in meditativer Weise begeht und seine Gedanken entsprechend ausrichtet.

Eine naheliegende Variante ist etwa, den Weg nach innen als den biografischen Lebensweg zu betrachten, und den nach außen als Rückschau der Seele nach dem Tod. Beim Gang durch das kretische Labyrinth ist eine der bewegenden Erfahrungen die, dass man nach einigen Rundgängen unerwartet plötzlich schon in der Mitte, vor dem Ende, angelangt zu sein scheint. Schlagartig wird man sich bewusst, dass das Leben schon vorbei ist – und man hätte doch gerne noch dieses und jenes getan. Was für ein Aufatmen, wenn es nach der Vollendung des scheinbar letzten Umgangs auf zwei weitere Schleifen geht, man Zeit geschenkt bekommt, sich auf das Ende vorzubereiten, eine Zugabe sozusagen. War man bei den Umgängen zuvor vielleicht noch nicht ganz bei der Sache, entsteht nun bei diesen letzten beiden Umgängen eine andere Wachheit, ein bewussterer Genuss.

Der lange Weg eines Labyrinths ist auf engstem Raum angelegt und führt einen über viele Kehrtwenden und Biegungen schließlich in das Zentrum und wieder hinaus.

▸ *Kugellabyrinth auf einer Balancierscheibe im Erfahrungsfeld Nürnberg.*

▾ *Freischwebend aufgehängtes Kugellabyrinth auf dem Mars Skipper Hof in Kotzenbüll.*

Erstaunlich ist, dass die meisten heutigen Labyrinthe so gebaut sind, dass man frei ist, den vorgegebenen Weg zu gehen oder nicht. Gruppen von Jugendlichen tendieren häufig dazu, spätestens für den Rückweg aus einem Labyrinth die kurze Variante quer über die Windungen hinweg zu wählen. Auch das scheint mir ein Bild für das Gegenwartsbewusstsein zu sein: Offen steht dem heutigen Menschen so ziemlich alles. Vermutlich noch nie in seiner Geschichte hatte er derartige Möglichkeiten: Alle Drogen, alle Länder, alles Wissen, alle Erfahrungen sind zumindest dem reicheren Teil der Menschen dieser Erde jederzeit verfügbar – ob daraus Willkür oder Freiheit wird, ist eher eine Frage der inneren Haltung als äußerer Möglichkeiten.

Nicht nur in Erfahrungsfeldern, sondern auch an vielen anderen Orten, vor allem in Nord- und Mitteleuropa, den Britischen Inseln und in Nordamerika, gibt es heute eine Vielzahl von begehbaren Labyrinthen (www.begehbare-labyrinthe.de), zumeist in den Rasen geschnitten, in Form von Steinplatten ausgelegt oder abgegrenzt durch Hecken, Kräuter oder unbehauene Steine. Der Reiz des Geheimnisvollen bewegt einer große Zahl von Gruppen und Initiativen, die sich die Pflege eines von ihnen angelegten Labyrinths zur Aufgabe machen. Diese Labyrinthe werden oft auch für Veranstaltungen genutzt (www.labyrinthe.de).

Im Erfahrungsfeld gibt es auch aber auch eine Menge kleinerer Varianten von Labyrinthen. Lothar Bracht hat mit der Herstellung von Holzlabyrinthen in seiner Manufaktur (www.bpr-manufactur.de) erheblich zur Renaissance des Labyrinths beigetragen. Sehr beliebt in Erfahrungsfeldern ist das von ihm entwickelte Modell, das in Form einer kreisrunden Scheibe im Mittelpunkt so aufgehängt ist, dass die Scheibe waagrecht schwebt. Allein oder zu mehreren kann man nun versuchen, eine Kugel durch die Windungen des Labyrinths bis zur Mitte zu bugsieren – eine immer wieder spannende Team-Übung, bei der sich alle Verhaltensweisen beobachten lassen, die auch sonst im Tagesablauf einer zusammenarbeitenden Gemeinschaft zu erleben sind. Da dies aber im Spiel und aus einer anderen Perspektive heraus geschieht, kann durch solche Übungen ein nicht zu unterschätzendes Veränderungspotenzial aufgerufen werden. Bei der ebenso von Lothar Bracht entworfenen Murmelbahn lässt sich dagegen der Lauf einer Kugel durch die verzweigten Wege ganz entspannt beobachten. Noch schöner und sanfter kenne ich das nur von dem Labyrinthbrunnen im Münsteraner Haus Kannen, wo das Wasser den Weg durchs Labyrinth nimmt.

Die großflächigen Labyrinthe unterscheiden sich nicht nur in ihren Mustern oder den verwendeten Unterlagen und Materialien. Auch die Gestaltung selbst ist so vielfältig wie die Menschen, die sie bauen. In Hannover-Laatzen (www.laatzen.de) sind etwa innerhalb des Labyrinths Tastsäulen angebracht, für die der Metallkünstler Andreas

◂ Labyrinth im Park der Sinne, Bremervörde. Im Hintergrund erkennt man die Partnerschaukel.
▸ Beim Wirtschaftsforum im Goetheanum in Dornach im Herbst 2009 mähte Lothar Bracht (3. v. l.) ein Labyrinth in die Wiese, in dem sich die Teilnehmer ergehen konnten.

Rimkus Elemente aus dem Märchen von Schneewittchen geschmiedet hat, wie etwa den gläsernen Sarg, den Spiegel der Königin oder das Schloss. Und auch der landschaftliche Hintergrund, der regionale Charakter haben einen Einfluss auf das Erleben eines Labyrinths. Wie unterschiedlich wirken etwa die unweit der Nordsee gelegenen Labyrinthe in Bremervörde (www.parkdersinne-brv.de) und auf dem Mars Skipper Hof (www.eingartenfuerdiesinne.de) oder das in den Schweizer Alpen gelegene im »Klang am Hang« von Heinz Bürgin (www.pythagoras-instrumente.ch), das vom oberen Teil seines Geländes tief unten auf einem Vorsprung zu sehen ist.

19 Licht und Schatten

▸ *Spiel von Licht und Schatten im Dunkelgang des Erfahrungsfelds Eins + Alles, Welzheim.*

Viele Stationen im Erfahrungsfeld haben mit Licht und Schatten zu tun. Hier seien drei davon ans Licht geholt, die von Beginn an zum Ensemble gehörten, in jüngster Zeit aber drohen, aus den bestehenden Erfahrungsfeldern zu verschwinden. Ihre Berechtigung erhalten sie, weil sie Grundlegendes zu diesem Themenbereich erfahrbar machen.

Die erste Station wird gewöhnlich in einem Schaukasten mit Gucklöchern gezeigt. In den Ecken im Kasten sind Lichter angebracht, die man von außen an- und ausschalten kann. In der Mitte des Kastens ist eine Skulptur befestigt, etwa eine barocke Büste. Diese kann nun von links unten, von rechts unten, von links oben oder von rechts oben oder in allen möglichen Kombinationen beleuchtet werden. Die Wirkungen sind beeindruckend. Was einem klar und deutlich vor Augen zu liegen schien, ändert mit der Veränderung der Beleuchtung seine Erscheinung fundamental. Sieht ein Mund einmal hängend und traurig aus, ist er im nächsten Moment gefasst und zuversichtlich. Ist ein Gesicht hier dramatisch verzerrt, so erscheint es bei der nächsten Lichteinstellung entspannt. Zwar sollte jeder, der mit einer Kamera umgehen kann, mit diesem Phänomen vertraut sein, doch zeigt die Station das Wesentliche in fabelhafter Weise.

Eine Variation dieser Darstellung – in diesem Fall ohne abgestufte Übergänge – ist das »kreisende Licht«: Eine Büste ist so hoch aufgestellt, dass sich die Beobachter um diese herum gruppieren können, ohne sich die Sicht zu nehmen. Ein Scheinwerfer bewegt sich auf einer kreisförmigen Schiene langsam um die Büste herum. Durch das Spiel von Licht und Schatten entstehen dramatische Ausdrucksveränderungen, die geschwind von Trauer zu Freude, von Stolz zu Depression übergehen.

Eine weitere Abwandlung dieser beiden Stationen besteht darin, dass man sich selbst oder sein Gesicht an die Stelle der Skulptur bringen kann. Freunde, Kinder oder Kollegen können dann bestaunen, »wie viele Gesichter man hat«, ohne auch nur mit der Wimper zu zucken. Die Veränderungen ergeben sich allein aus den unterschiedlichen Richtungen, aus der das Licht kommt. Alles eine Frage der Beleuchtung, könnte man denken …

Die dritte Station besteht aus zwei benachbarten Guckkästen, in denen jeweils eine weiße Kugel so aufgehängt ist, dass sie in der Mitte des Blickfelds des Gucklochs erscheint. Der erste Kasten ist innen weiß ausgemalt und wird durch eine runde Neonröhre auf der dem Betrachter zugewandten Innenseite beleuchtet. Aus einem gewissen Abstand ist für die meisten Betrachter nur eine leere, weiße Fläche zu sehen, die Kugel bleibt vollkommen unsichtbar, verschwindet in einer grellen Helligkeit, die auf den Schauenden eher unangenehm und abweisend wirkt. Der andere Kasten ist schwarz ausgemalt, und die Beleuchtung besteht aus einer

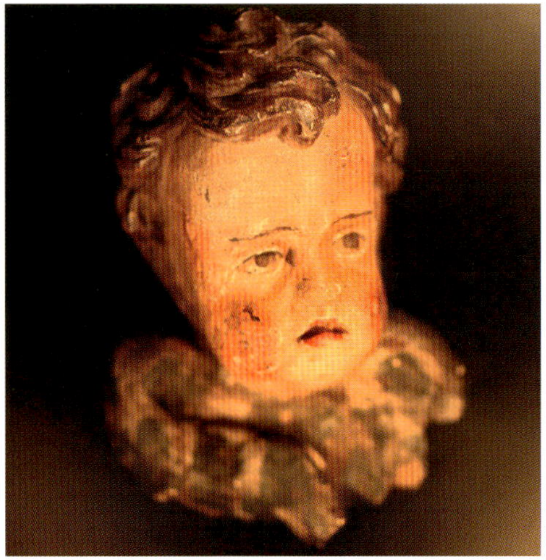

einfachen Glühbirne. Die Kugel ist hier klar erkennbar, es erscheint ein deutlicher, dreidimensionaler Raum, der eher anziehend wirkt und das Interesse weckt, genauer hinzuschauen.

Bei voller Beleuchtung ist also nichts zu sehen. Wo dagegen neben Licht auch Schatten sein darf, kommen die Dinge zur Erscheinung und ermöglichen Beziehung. Dann entsteht räumliches Sehen, aber auch ein Beziehungsraum. Analogien aus anderen Lebensbereichen drängen sich auf. Wie ist Schule, wenn man den Schülern alles ausführlich erklärt, noch dazu, wenn sie keine Fragen haben? Und wie ist es, wenn ich mich mit Andeutungen begnüge und Gutes und Schlechtes nebeneinander schildere? Wo entsteht Sympathie, wo Antipathie, wo ein Bild und wo ein abweisendes Etwas?

Die Erfahrungen mit Licht und Schatten haben die Gedanken der Menschen seit Jahrtausenden beschäftigt. Bestimmt wurde ihre Fantasie in langen Winternächten von den Schattenspielen der Fackeln in ihren Höhlen angeregt. Noch Platon beschreibt in seinem Höhlengleichnis die Alltagserfahrungen der Menschen als Schatten des wahren Seins, das er mit dem Licht bzw. der Sonne gleichsetzt. Was ist wirklich, was Einbildung? Wo ist Licht, und wo ist Schatten? Oder geht es vor allem darum, sein »Licht nicht unter den Scheffel zu stellen,« sondern sich »im rechten Licht zu zeigen«?

◂▸ *Unterschiedlich beleuchteter Engel im Phänomania Erfahrungsfeld, Essen; eine Installation von Wolfram Graubner.*

20 Spiegel

Schon Schneewittchens Stiefmutter befragt einen Zauberspiegel. Till Eulenspiegel hält den Menschen einen Spiegel vor. Und ein deutsches Wochenmagazin übt sich in der gleichen Aufgabe – oder sieht es sich eher als einen »Spiegel der Seele« der Gegenwart? Spiegel sind in unserer Welt allgegenwärtig, ob real auf der Toilette oder im übertragenen Sinn als Hinterfragen seiner selbst, ob als Zeichen von Eitelkeit oder von Klugheit und Selbsterkenntnis. Von technischen Nutzungen über die einfache Selbstspiegelung bis zu den außergewöhnlichen Spiegeln in Erfahrungsfeldern spannt sich ein weiter Rahmen. In jedem Fall haben wir es mit Licht in irgendeiner Form zu tun, das durch die seltsame Fähigkeit des Spiegels reflektiert wird.

Gewöhnliche Spiegel scheinen kaum der Rede wert zu sein: Glasscheiben, mit Aluminium bedampft, müssen glatt genug sein, um die Parallelität des reflektierten Lichts zu garantieren und ein Objekt detailgenau darzustellen. Dabei vertauscht der Spiegel allerdings die Seiten, und das kann einem schon mal Schwierigkeiten bereiten, will man sich etwa in die Lage seines Spiegelbilds versetzen. Solches gelingt leichter, wenn man zwei Spiegel verwendet – so erscheint man auch selbst so, wie man von anderen gesehen wird.

Außergewöhnliche Spiegelformen, die eben nicht für ein detailgetreues Abbild sorgen, sondern verzerrte Eindrücke wiedergeben, sind durchaus im Alltag üblich. Bei kon-

◂▸ *Zerrspiegel in der Sinn-Welt, Jordanbad Biberach.*

vexen, also nach außen gewölbten Spiegeln erscheint das Spiegelbild immer verkleinert, so wie man das etwa vom Rückspiegel des Autos kennt: Der Blickwinkel wird vergrößert, und es lässt sich ein größerer Verkehrsausschnitt beobachten. Eine ähnliche Funktion erfüllen die Spiegel, die an Kreuzungen und Ausfahrten stehen – man hat durch sie einen besseren Überblick. Rasier- oder Kosmetikspiegel sind dagegen konkav, also nach innen gewölbt, um ein vergrößertes Bild des Betrachters zu ermöglichen. Eine von vielen technischen Anwendungen solcher Hohlspiegel sind beispielsweise Parabolspiegel, die das Sonnenlicht in Wärmekraftwerken zentrieren.

Größere Ausführungen konvexer oder konkaver Spiegel bilden eine Variante von Stationen, wie sie in den Erfahrungsfeldern üblich sind. Im ersten Fall erscheint man dünn und lang, im zweiten klein und dick, was immer wieder Grund für Erheiterung und das Ausprobieren vielfältiger Stellungen ist – so erscheint mal der eine, mal der andere Körperteil übersteigert, verkleinert, verzerrt. Mit Zerrspiegeln, wie sie mit welligen Untergründen erzeugt werden, kann man sogar gänzlich unregelmäßige Abbilder erzeugen, und die Überzeichnung von gespiegelten Partien wird noch größer – ein Lehrbuch für einen Cartoonisten. Beliebt sind auch die »Spionspiegel«, in denen ein Teil des einfallenden Lichts reflektiert, der andere durchgelassen wird und man unbemerkt Beobachtungen anstellen kann.

◂ *Spiegelwald im Eins + Alles, Welzheim.*
▸ *Vorspiegelung falscher Tatsachen – im Phänomania Erfahrungsfeld Essen.*

Der Variationen sind jedoch viel mehr. Im Nürnberger Erfahrungsfeld (www.erfahrungsfeld.nuernberg.de) oder im Gießener Mathematikum (www.mathematikum.de) gibt es den »Blick in die Unendlichkeit« durch Aneinanderreihung mehrerer Spiegel – es entsteht der Eindruck einer unendlich langen Röhre. Im Welzheimer Eins + Alles (www.eins-und-alles.de) geht man in einem Wald von Bäumen durch einen ganzen Wald von Spiegeln und erhält vollkommen neue Perspektiven auf den Wald und die Bäume. Mit den Lückenspiegeln lassen sich Gesichtsauschnitte übereinanderlegen, was einen über sich selbst und den anderen staunen lässt – denn man kann dann Gesichter sehen, die aus Teilen von zwei Gesichtern zusammgesetzt sind. Mit einem einfachen (Spiegel-)Effekt lassen sich in Laatzener Park der Sinne (www.laatzen.de) unzusammenhängende Teile in einem klaren Bild sehen. Die fünf dort sichtbaren Zerrbilder sind sogenannte Kegelanamorphosen nach Vorlagen aus dem 18. Jahrhundert. Naturmotive sind hier auf eine Aluminiumform aufgetragen, die von spiegelnden Metallkegeln überragt werden, in denen die Motive dann dreidimensional erscheinen. Und in Münster (www.alexianer.de/muenster/sinnespark) oder Wetzlar (www.optikparcours.de) erscheint die Umgebung in einer Spiegelskulptur in vollkommen neuem Licht – die in Form von Spiegelwänden aufgerichteten Skulpturen geben, während man an ihnen vorbei oder durch sie hindurch geht, die unglaublichsten Perspektiven auf sich selbst und die Umgebung frei. Dem Fass den Boden aus schlägt aber eine Ausstellung die mit über dreißig Objekten einzig und allein dem Phänomen des Spiegelbilds gewidmet ist. Sie heißt »Spiegeleien« und wurde von der Winterthurer Technorama (www.technorama.ch) konzipiert. Nach Oakland und Helsinki wurde sie auch in Moskau gezeigt, und für die Wolfsburger Phäno (www.phaeno.de) wird eine neue, spezielle Version gebaut.

Offensichtlich ist im Spiegel mehr als die profane Möglichkeit, den Sitz seiner Krawatte oder das gelungene Makeup zu überprüfen. In den vielen Verwendungszwecken und Formen von Spiegeln und der Lust, sich in ihnen zu spiegeln, drängt noch mehr zum Ausdruck. Der Deutungsbogen spannt sich vom Attribut des oder der Weisen bis zum Symbol der Vergänglichkeit allen Lebens. Während Antoine de St. Exupery seinem kleinen Prinzen in den Mund legt, das Wesentliche sei für die Augen unsichtbar, heißt es im ersten Korintherbrief: »Jetzt schauen wir in einen Spiegel und sehen nur rätselhafte Umrisse, dann aber schauen wir von Angesicht zu Angesicht. Jetzt erkenne ich unvollkommen, dann aber werde ich durch und durch erkennen, so wie ich auch durch und durch erkannt worden bin.«

21 Das Kaleidoskop

Beim Blick durch ein Kaleidoskop kann man »schöne Formen sehen« – genau das ist die Übersetzung des aus dem Griechischen entlehnten Kunstworts. Die Mienen der Blickenden reichen von Erstaunen über Freude bis zu Entzücken. Im Kaleidoskop wird aus Spiegeln, Licht und den Materialien, die als Objekte der Schau dienen, eine Symphonie von Farben und Formen.

Ob es das Kaleidoskop wirklich schon im alten Griechenland gab, ist nicht überliefert. In der Neuzeit gehört es zu den frühesten Patentierungen eines Spielzeugs (1817); die Idee kam dem Physiker David Brewster beim Studium der Polarisation doppelbrechender Kristalle. Seit dem Ende der 1960er Jahre erlebt es ein Revival – ob das mit der Lust an Farben zu tun hat, wie sie auch durch Drogenkonsum ausgelöst werden kann, wissen wir nicht. Allerdings werden schon die Beatles verdächtigt, hier eine entsprechende Spur gelegt zu haben: In ihrem Song »Lucy in the Sky with Diamonds« sollen nicht nur die Großbuchstaben auf die damals populäre Droge LSD hinweisen, sondern auch die durch sie ausgelösten intensiven kaleidoskopartigen Eindrücke werden mit Hilfe der Metapher »a girl with kaleidoscope eyes« beschrieben.

Das Innere eines Kaleidoskops besteht aus wenigstens drei länglichen Spiegeln, die an ihren Längskanten so miteinander verbunden sind, dass sich eine kontinuierliche Spiegelfläche in der Röhre ergibt. An einem Ende befinden sich zwischen zwei Glasplatten eingelegte farbige Objekte, am anderen Ende ein Guckloch zum Durchsehen. Blickt man in das Kaleidoskop, spiegeln sich die Objekte mehrfach, Symmetrien werden sichtbar, die sich beim Drehen der Röhre stetig ändern. Abwandlungen von diesem Grundtyp gibt es bezüglich der Form und Zahl der Spiegel oder der Objekte: Beispielsweise kann statt eines Hohlraums am Ende ein Teller angebracht sein, auf den man beliebige Gegenstände auflegen kann. Oder anstelle der Glasplatten lässt sich ein austauschbarer und mit Öl gefüllter Behälter anbringen, in dem verschiedene Gegenstände schwimmen. Diese sinken langsam vor dem sehenden Auge nach unten und erzeugen ein kontinuierliches Feuerwerk optischer Eindrücke. Oder eine Linse bildet die Rückwand, und der Blick schweift durch sie auf beliebige Gegenstände der Umgebung, die sich urplötzlich in ein nie gesehenes Wunder verwandelt und sich beim Weiterdrehen ständig verändert. Varianten gibt es auch bezüglich des Lichteinfalls: von hinten, von der Seite oder beides zusammen.

Spannend sind begehbare Kaleidoskope. Das bisher größte stand 2005 auf der Weltausstellung in Japan. Der »Earth Tower« war 47 Meter hoch, sein oberes Ende, die Decke, hatte einen Durchmesser von über 40 Metern. Von der Eingangshalle konnte man das Farbenspiel auf drei sich drehenden riesigen Spiegeln beobachten. Im Wetzlarer Optikparcours (www.optikparcours.de) gibt es ein im

◂▸ *Oktoskop von Richter Spielgeräte in der Sinn-Welt, Jordanbad Biberach.*

Verhältnis dazu geradezu zwergenhaftes, aber eben auch begehbares Kaleidoskop. Im neuen Anbau des Schweizer Sensoriums (www.sensorium.ch) baut der Glaskünstler Amir Gharatchedaghi (www.aaghara.ch) ein Kaleidoskop in einen ganzen Raum. Ein weiteres seiner Objekte steht in der Haupthalle des Sensoriums und beeindruckt allein schon durch sein Äußeres. Gharatchedaghi hat bei diesem Kunstwerk alle gängigen Glasbearbeitungstechniken benutzt, was zu einmaligen Licht- und Farb-Effekten führt. In Hannover-Laatzen (www.laatzen.de) steht in der Mitte des Labyrinths ein begehbares Kaleidoskop. Von außen betrachtet, sind es zu einem Dreieck zusammengestellte Tafeln. Bückt sich der Besucher und kriecht in das Dreieck hinein, sieht er sich vielfach gespiegelt.

Das Bezaubernde an Kaleidoskopen ist die Fülle von Formen und Farben und ihre ständige Veränderung und Erneuerung. Die Bilder sind so zahlreich, verschieden und vergänglich wie Schneeflocken, und dazu sind sie auch noch farbig. Ob die Begeisterung für Kaleidoskope gerade bei Kindern etwas damit zu tun hat, dass der Mensch selbst symmetrisch gebildet scheint? Wir haben zwei Hände, zwei Beine, zwei Augen. Jedenfalls schärft der Umgang mit den schönen Spiegelungen die Wahrnehmung und wirkt sich gerade bei kleinen Kindern positiv auch auf die schulische Entwicklung aus.

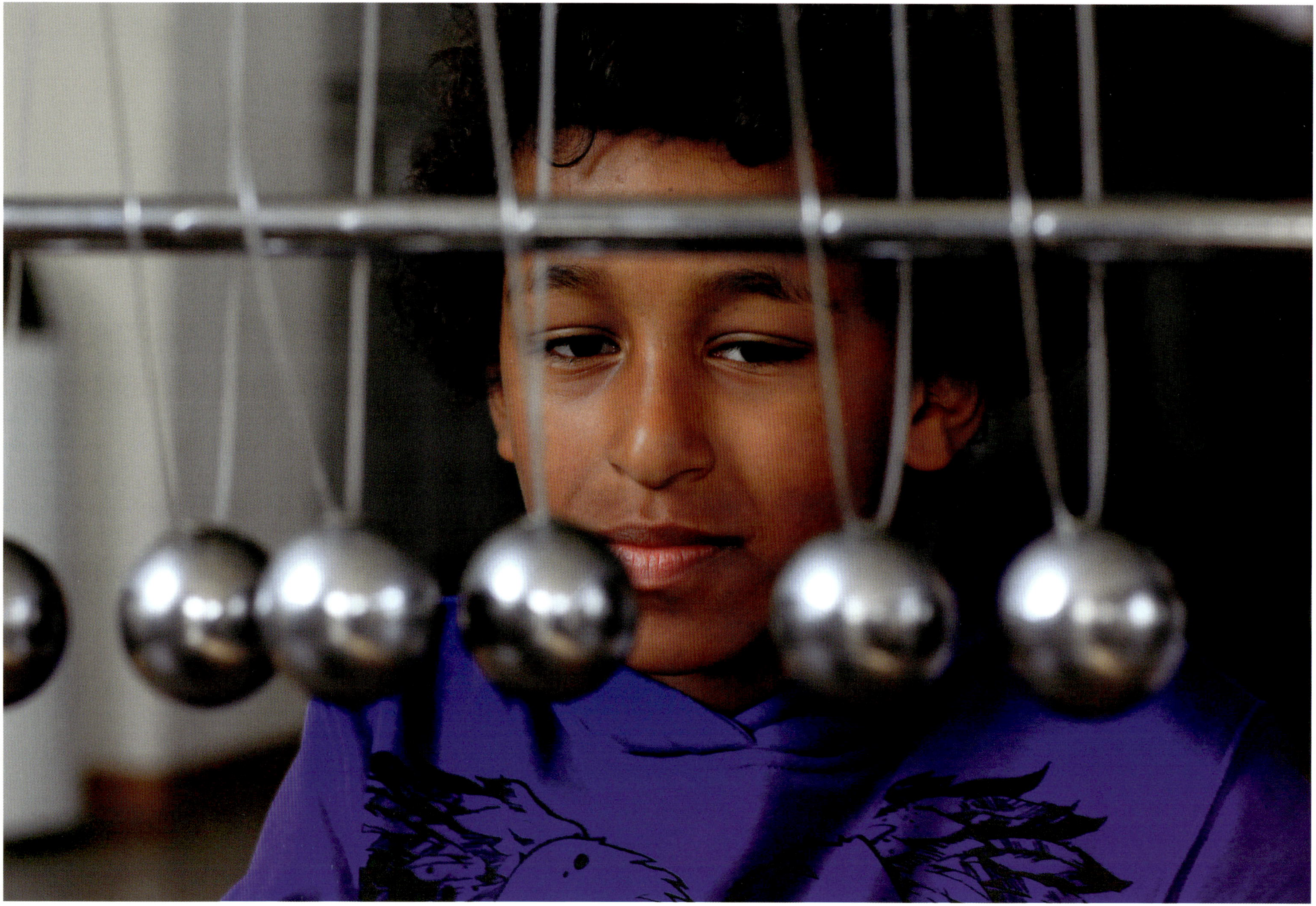

22 Die Impulskugelreihe

◂ *Impulskugelreihe im Phänomania Erfahrungsfeld, Essen.*
▾ *Impulskugelreihe von Richter Spielgeräte im Park der Sinne, Bremervörde.*

Die Impulskugelreihe besteht im Regelfall aus neun Kugeln, die an einem Gestell so aufgehängt sind, dass sie einander gerade berühren. Die gleichschenklige Aufhängung bewirkt, dass die Kugeln in einer Ebene schwingen können. Diese physikalische Versuchsanordnung gibt es heute in verschiedensten Größen bis zu in China hergestellten Schreibtischmodellen. Um die Impulskugeln ausgiebig zu beobachten, eignen sich die in vielen Erfahrungsfeldern vorhandenen großen Gestelle mit gehärteten Stahlkugeln jedoch am allerbesten, weil sie durch die Qualität der Verarbeitung eine passable Elastizität aufweisen und Phänomene wie die sogenannte Rückstellkraft am deutlichsten erfahrbar machen.

Die Impulskugelreihe ist eine Station, die wegen ihrer kühlen Anmutung zunächst wenig einladend erscheint. An solchen Stationen lässt sich jedoch gut der soziale Wärme-Charakter von Erfahrungsfeldern und die magische Anziehung von Neugierde, Aufmerksamkeit und gebanntem Spiel erleben. Hat sich nämlich einmal ein Besucher an die Station gewagt (Kinder lieben sie ganz besonders) und ein, zwei Kugeln in Bewegung gesetzt, nehmen die Beobachtungen und Diskussionen, oft unter vorher unbekannten Menschen, kein Ende. So vielfältig sind die Spielmöglichkeiten an dieser doch scheinbar simplen Vorrichtung.

Die einfachste Möglichkeit ist, eine der ruhig in Reihe hängenden Kugeln aus dem Verband auszulenken und sie loszulassen. Wer er es noch nicht gesehen hat, möge sich überlegen, was wohl passieren wird. Es ist eben nicht so, dass die Kugel an der Wand der anderen acht Kugeln abprallt und zurückschnellt. Es ist auch nicht so, dass der Schwung der ersten Kugel die anderen acht ein wenig in Bewegung setzt. Das Erstaunliche ist, dass die allerletzte Kugel ausgelenkt wird, während die erste zusammen mit den sieben Kugeln in der Mitte regungslos verbleibt. Und diese letzte wird fast genauso weit von der Gruppe weggeschleudert, wie die erste Kugel zu ihrem Initialstoß ausgelenkt wurde. Der Vorgang wiederholt sich, wenn die letzte Kugel auf die restlichen ruhenden Kugeln zurückfällt: Sie selbst verbleibt in Ruhe mit den sieben mittigen Kugeln, während die erste Kugel wiederum fast so weit ausgelenkt wird wie die letzte Kugel zuvor. Das Ganze wiederholt sich eine ganze Weile mit langsam kürzer werdenden Auslenkungen und kommt allmählich zum Stillstand.

Was dabei tatsächlich passiert, ist kaum zu beobachten, auch wenn es sich vor den eigenen Augen abspielt: Der Impuls der ersten fallenden Kugel wirkt auf die zweite Kugel, von der er zur dritten weitergegeben wird und so weiter bis zur letzten, die, da von nichts aufgehalten, ausschwingen kann. Der Impuls wandert also durch alle Kugeln hindurch, so lange bis sich die ganze Energie des ersten Impulses in Wärme umgewandelt hat. Was noch mysteriöser ist, ist die Elastizität der Kugeln. Während ein

Schneeball kaum Elastizität aufweist und deshalb an einer Wand, an die man ihn wirft, zerschellt, prallen ein Ball oder eben auch die Stahlkugel zurück. Vor dem Zurückprallen jedoch werden der Ball, aber auch die harte Kugel verformt, was nur in Zeitlupenaufnahmen zu sehen ist. Zum Glück für heutige Schüler nutzen immer mehr Physiklehrer die Gelegenheit, solche elementaren Grundlagen ihres Fachs wie die Gesetzmäßigkeiten von Elastizität und Energiegehalt sowie den Impulserhaltungssatz in den Erfahrungsfeldern »begreifbar« zu machen.

Von den vielen Möglichkeiten des Spiels mit den Impulskugeln wurde nur die einfachste genannt. Wie ist es, wenn ich zwei, drei oder vier Kugeln gemeinsam auslenke? Wie, wenn ich erst eine und dann eine zweite auslenke? Wie, wenn ich eine Kugel aus dem Spiel nehme? Immer neue Varianten mit einer oder mehreren Kugeln können ausprobiert und die vielfältigsten Rhythmen erzeugt werden. Nicht von ungefähr ist die Vorrichtung auch von zeitgenössischen Komponisten zum Studium von Rhythmen und sogar zur Komposition genutzt worden.

Naheliegend ist es, durch Beobachtungen an der Impulskugelreihe ähnliche Phänomene in der Natur zu entdecken oder Analogien in anderen Bereichen zu suchen. So finden sich die Impulskugeln heute auf so manchem Chef-Schreibtisch und helfen, Phänomene in der Zusammenarbeit zu erklären und Strategien zum Umgang mit den Mitarbeitern zu erdenken. Jeder kennt ja das bekannte »Bildzeitungs-Phänomen«: Wenn ich eine bestimmte Nachricht nur einer ganz bestimmten Person anvertraue – am besten noch unter dem Siegel der Verschwiegenheit – kann ich sicher davon ausgehen, dass sich die Nachricht wie ein Lauffeuer verbreitet. Oder eben wie in einer Impulskugelreihe – von einer Kugel zur anderen. Man sollte eben nur bedenken, dass es so etwas wie Rückstellkraft gibt. Was da wohl von der anderen Seite zurückkommt?

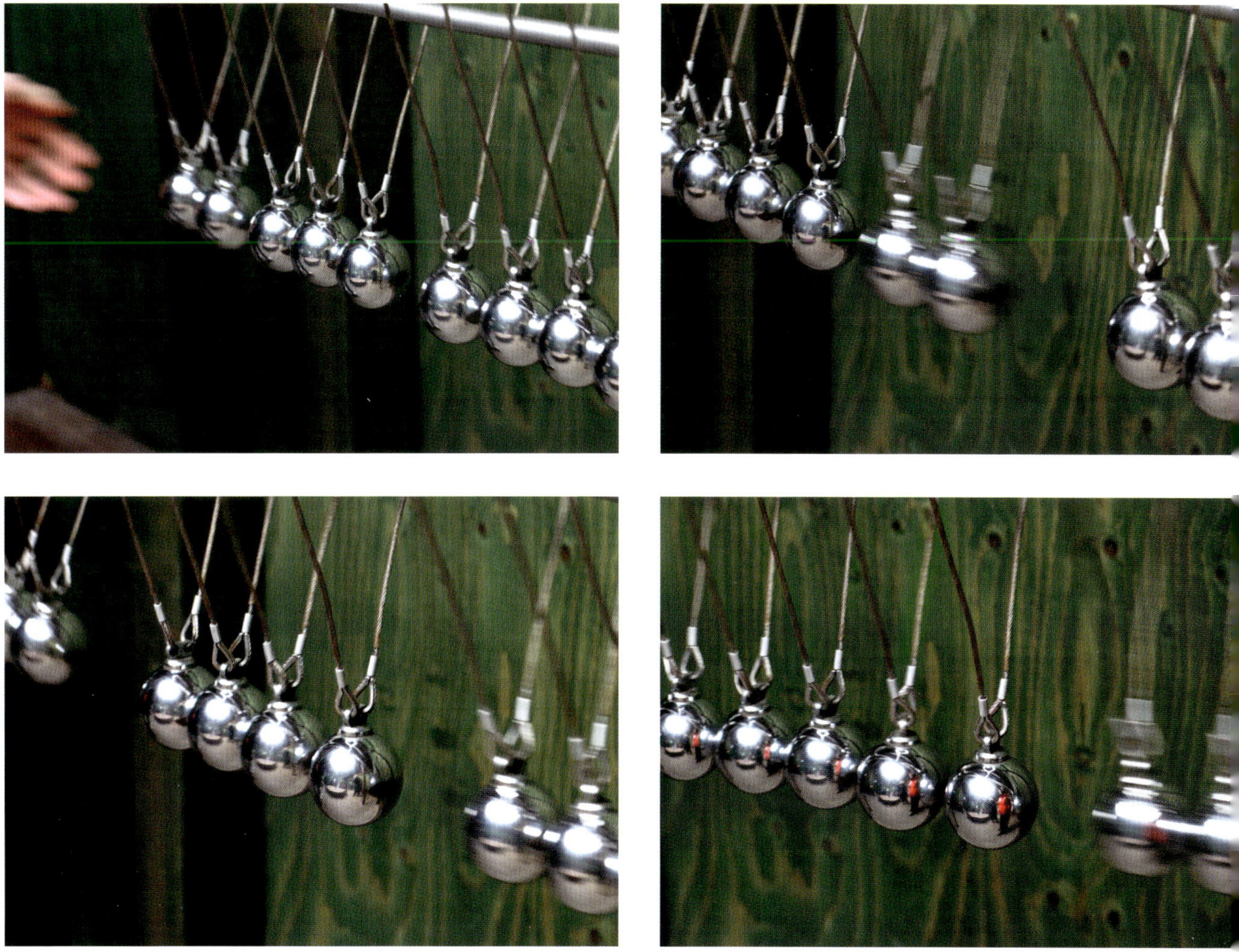

◂▸ *Impulskugelreihe von Richter Spielgeräte im Park der Sinne, Bremervörde.*

23 Rotierende Scheiben

◂ *Rotierende Scheibe im Park der Sinne, Bremervörde.*
▸ *Rotierende Scheiben von Richter Spielgeräte im Erfahrungsfeld Kassel.*

Diese Drehscheiben mit einem Durchmesser von meist 120 Zentimetern gehören zu den klassischen Stationen eines Erfahrungsfelds und finden sich heute auch oft in Parkanlagen und anderen öffentlichen Orten. Wichtig für die Funktion ist ein hochwertiges Kugellager, wodurch die Scheibe nach einem Drehimpuls lange läuft. Selbstverständlich kann man eine solche Drehscheibe leicht selbst bauen, auch gibt es einfache Tischdrehscheiben zu kaufen. Die großartigen Effekte stellen sich jedoch nur bei hochwertigen Scheiben ein. Vier Motive sind üblich: Kegel, Spirale, Pulsation und eine »Farbscheibe«, auch wenn da und dort andere Motive ausprobiert werden. Man versetzt die Scheibe in Drehung und beobachtet aus einigen Metern Entfernung. Was beobachtet man? Sich selbst.

Freilich, zunächst scheinen wir ja die Scheibe zu beobachten. Nehmen wir die Spiralscheibe: Im Ruhezustand sehen wir eine Spirale aus nach rechts drehenden weißen und schwarzen Bögen, die sich nach innen verengen. Schon die Beschreibung dessen, was da zu sehen ist, fällt manchem Zeitgenossen schwer – oder könnten Sie nach den obigen Worten diese Scheibe aufmalen? Auch wenn es sich um ein ganz einfaches Motiv zu handeln scheint: Wie leicht übersieht man etwa, dass die Scheibe einen weißen Rand hat! Drehe ich die Scheibe im Uhrzeigersinn, so scheint sich die Spirale immer mehr zu erweitern, sie scheint größer zu werden. Drehe ich sie anders herum, bildet sich ein immer tiefer werdender Trichter, der Blick wird in die Tiefe gezogen. Wende ich meinen Blick von der Scheibe ab, so scheint sich das, worauf ich nun schaue, auf magische Weise zu verengen oder zu erweitern. Schauen wir etwa von der linksdrehenden Scheibe auf ein Gebüsch, vergrößert es sich in beängstigender Weise, schaue ich auf die Nase meines Nachbarn, wächst mir diese in riesigen Ausmaßen entgegen.

Sichtbar werden komplementäre und polare Gegenbilder. Erlebbar wird der im Organismus veranlagte Drang nach Ausgleich. Erfahrbar wird der Wahrnehmungsvorgang als eine der Atmung verwandte Tätigkeit: Wahrnehmen und Denken bzw. Begriffsbildung verhalten sich wie Ein- und Ausatmen. Konzentriere ich mich für längere Zeit auf die rotierende Scheibe selbst, werden nach und nach Farben sichtbar, das komplette Spektrum des Regenbogens. Wie beim Regenbogen durch die Überlagerung von helleren und dunkleren Schichten am Himmel, so entstehen die Spektralfarben auf der Spiralscheibe aus der Überlagerung von schwarzer und weißer Farbe. Die Farben sind nicht materiell und doch sichtbar.

Die Pulsationsscheibe zeigt in der Mitte ein schwarzes Quadrat mit abgerundeten Ecken; um dieses herum parallel dazu schwarze und weiße Linien. Beim Drehen der Scheibe sehen wir die vorher geraden Linien sich nach innen einbiegen, während die runden Ecken sich vorwölben. Wel-

◂ Rotierende Scheiben von Richter Spielgeräte im Phänomania Erfahrungsfeld, Essen, und ▸ in der Sinn-Welt, Jordanbad Biberach.

lenförmig winden sich alle Linien um den Mittelpunkt. Der Eindruck ist der eines pulsierenden Ganzen, das sich rhythmisch weitet und dann zusammenzieht, weitet und wieder zusammenzieht wie das Herz, wie der ganze Mensch beim Atmen oder wie der Mensch mit seinem ganzen Leben. Die mechanisch rotierende Scheibe überrascht durch den Anblick eines lebendig pulsierenden Rhythmus, zu dem man sich unwillkürlich in Beziehung versetzt fühlt, mit dem man unmittelbar in Resonanz gehen will.

Das Kegelmotiv ist außen von einem dünneren weißen und dickeren weißen Streifen begrenzt. Darin befinden sich fünf weiße und schwarze Sicheln sowie im 180-Grad-Winkel dazu vier kleinere schwarze und weiße Sicheln, im Zentrum eine etwas außerhalb der genauen Mitte befindliche schwarze Kreisfläche auf weißem Feld. Setze ich diese Scheibe in Drehung, entsteht sogar bei minimaler Geschwindigkeit ein dreidimensionales Gebilde vor meinem Auge: etwas wie ein Vulkan, der mir entgegenwächst und rotiert, in der Mitte eine Vertiefung wie ein Trichter. Dieser Vulkan scheint sich mal schneller, mal langsamer werdend nach mir zu recken, nach mir zu deuten. Der Erzieher einer religiösen Gruppe erklärte es seinen Zöglingen einmal so: »Der liebe Gott schaut euch an – ihr seht, er kann euch überall sehen, egal wo ihr steht.«

Die Farbscheibe schließlich besteht – von einem gelben Rand begrenzt – aus blauen und gelben nach innen sich verengenden Streifen. Auf der rotierenden Scheibe werden rasch andere Farben sichtbar, von der Mischfarbe Grün zur Komplementärfarbe Rot, von Purpur zu Orange und schließlich zum Weiß und zu etwas, das man in der Klangwelt als »weißes Rauschen« bezeichnet. Auch hier ist die Farbentstehung physiologischer Natur – die gesehenen Farben sind also nicht materiell vorhanden, entstehen aber folgerichtig während des Sehvorgangs. Die Farbscheibe scheint auch manchmal stillzustehen, nur um im nächsten Moment wieder rasant zu rotieren. Manchmal dreht sie sich scheinbar in die andere Richtung, und überhaupt ist es spannend, zu beobachten, was alles passiert, wenn man mit den Augen blinzelt, sie zukneift, sie kurz schließt und wieder öffnet oder was zu sehen ist, wenn man bei geschlossenen Augen beobachtet, welche Nachbilder nach dem Betrachten der Scheibe auf der »inneren Leinwand« enstehen.

Die Rotierenden Scheiben sind offensichtlich ein Produkt der Op-Art (Optical Art), die man vor allem mit den Namen Henryk Berlewi, Adolf Fleischmann und Victor Vasarely verbindet. Diesen und anderen Künstlern ging es in den Anfängen in den 1920er, später vor allem ab den 1960er Jahren mit ihren teils beweglichen Darstellungen von geometrischen Formen und Farbfiguren um eine neue Sicht auf die Dinge. So schrieb Berlewi: »Die Kunst muss eine neue Formsprache schaffen, die für alle zugänglich

ist und im Einklang mit dem Rhythmus des Lebens steht.« Phänomene wie auf den Drehscheiben gibt es aber auch im Alltag. In Filmen sind des öfteren Autoräder zu sehen, die sich rückwärts bewegen. Oder man empfindet beim Blick aus dem Zugfenster, es sei der eigene Zug, der abfährt, während es tatsächlich der benachbarte ist. Wer eine Zeitlang von einer Brücke in einen Wasserstrudel schaut und danach in das Gesicht eines benachbarten Menschen, wird ähnliche Erlebnisse haben wie nach dem Blick auf die Spiralscheibe. So ging es offensichtlich auch Goethe, der eine solche Beobachtung als Anregung für die Beschäftigung mit dem Sehen und den Farben nahm, woraus seine Farbenlehre entstand – das erste Werk, das Subjekt und Objekt in angemessener Weise innerhalb einer wissenschaftlichen Arbeit berücksichtigt, und in diesem Sinn das erste Beispiel für eine ganzheitliche Wissenschaft.

Die leichtfertige Qualifikzierung von Erscheinungen wie den beschriebenen als bloße optische Täuschungen geht an der Sache vorbei, auch wenn diese Ansicht nicht in das noch übliche Weltbild passt. Theorien über optische Täuschungen werden als Allgemeinwissen gehandelt, dabei sind sie nur aus einer bestimmten Weltsicht geborene, umständliche Erwägungen über die Vorgänge im Gehirn. Bewiesen hat diese Theorien noch keiner, doch wäre es schon ein Fortschritt, sie deutlich als Theorien zu benennen und nicht als Tatsachen. Implizit wird mit der Idee von

◂ Rotierende Scheiben von Richter Spielgeräte in der Sinn-Welt, Jordanbad Biberach und ▸ im Phänomania Erfahrungsfeld, Essen.

optischen Täuschungen immer die selbständige Urteilsbildung des Menschen negiert und das Vertrauen auf Experten propagiert, auch und gerade wenn diese Experten, wie in diesem Fall, überhaupt nichts Sicheres sagen können. Interessanterweise wird dabei noch dazu nicht der Mensch, sondern »das Gehirn« als untauglich hingestellt – das Gehirn sei es, das sich täuschen lasse.

Ich persönlich versuche, selbst wahrzunehmen und selbst zu denken – und es nicht meinem Gehirn zu überlassen. Das Gehirn sehe ich als Werkzeug, wie ich auch den Rest meines Körpers als Werkzeug ansehe. Man stelle sich einmal ein Klavier vor, das selbst spielt. So wäre es, wenn ein Gehirn denkt. Natürlich wird das Klavier von einem Menschen gespielt – ob der seine Hände dazu benutzt oder einen Rechner dafür programmiert und damit zusätzliche vermittelnde Werkzeuge verwendet, ist gleichgültig. Es spielt der Mensch, der Mensch nimmt wahr, und der Mensch als Ganzer denkt. Und offensichtlich hat er dazu Werkzeuge, Instrumente zur Verfügung wie die Sinne, die Nerven und das Gehirn. Damit ist nichts gegen die großartigen Forschungsergebnisse etwa der Wahrnehmungspsychologie gesagt. Zu kritisieren ist das Menschenbild, das dieser Wissenschaft zugrunde liegt und das – typisch für ein Paradigma – uns in Fleisch und Blut übergegangen zu sein scheint. Dieses Bild geht von einem dummen Menschen aus, der äußere Autoritäten braucht – früher war es Gott, und heute ist es »die Wissenschaft«. Dieses Bild meint, alle Wissenschaft müsse objektiv sein, und vergisst, dass sie für Subjekte, also für Menschen, für Tiere und Pflanzen und für die Erde tätig ist. Wissenschaft ist nur sinnvoll, wenn sie Subjekt und Objekt, Subjektivität und Objektivität integrieren kann – das ist die Herausforderung. Die Menschen müssen wieder ins Zentrum der Wissenschaft kommen, sonst sind sie als logische Folge des Ausschlusses in Gefahr, umzukommen.

Die Vorgänge beim Betrachten einer rotierenden Scheibe finden ja nicht auf dieser statt und auch nicht einfach und allein in meinem Gehirn. Sie offenbaren geradezu typisch Menschliches: Verbundenheit, Aktion und Reaktion, Polarität und Ausgleich. Was da erscheint, ist genauso wirklich wie die Scheibe und der Betrachter selbst. Oder, wie Goethe es sagte:

»Wär nicht das Auge sonnenhaft,
Die Sonne könnt es nie erblicken;
Läg nicht in uns des Gottes eigne Kraft,
Wie könnt uns Göttliches entzücken?«

24 Wackelsteine

»Ich wollte Dir noch unbedingt von einer Station berichten, die mich völlig faszinierte und die ich noch in keinem anderen Erfahrungsfeld erlebt habe: eine Art symmetrische Metallskulptur – ein bisschen wie ein schmales Schiff – die sich, wenn man sie links herum anstieß, vollkommen gleichmäßig um sich selbst drehte, während sie, wenn man sie rechts herum drehte, holperte und wackelte und nach kurzer Zeit wieder in die Linksdrehung einmündete«, so schwärmte Charlotte Fischer über das Pirmasenser Dynamikum (www.dynamikum.de). Als sie zu Hause im Internet recherchierte, stellte sie fest, dass es sich genau um den Wackelstein handelte, den ich sie zu fotografieren gebeten hatte und den sie nicht gefunden zu haben glaubte.

Wackelsteine haben eine lange Geschichte. Im 19. Jahrhundert wurden bei Ausgrabungen sowohl ägyptischer als auch keltischer Heiligtümer solche Wackelsteine gefunden – sie sind also mehrere tausend Jahre alt. Neben dem Begriff Wackelstein sind sie auch unter den Namen »Rattleback«, »Schiffchen« oder »Kelte« und auch »Keltenstein« bekannt. Etwa 1890 erschien die erste wissenschaftliche Arbeit über »Das kuriose Verhalten von Kelten«. Das Interesse stieg im Lauf der Jahrzehnte, und allein aus den letzten zwanzig Jahren gibt es mehr als dreißig ernstzunehmende Versuche, von wissenschaftlicher Seite ein Verständnis für den Wackelstein zu entwickeln.

Die Ausführungen des berühmten Physikers Sir Hermann Bondi vom Churchill College in Cambridge aus dem Jahr 1986 scheinen der Sache am nächsten zu kommen – doch auch Bondi kann sie nicht vollständig erklären und schließt seine Arbeit mit vielen Seiten kompliziertester mathematischer Gleichungen und dem lapidaren Satz ab: »Es ist interessant, was für ein komplexes Subjekt die rollende Bewegung eines festen Körpers sein kann.« Auch nach über hundert Jahren Forschung ist das Rätsel des Wackelsteins nicht gelöst, doch es ist unwahrscheinlich, dass die Wissenschaft aufgibt. Das sagt jedenfalls Brian Pippard, ebenfalls von der Universität Cambridge, und fügt hinzu: »Die Sache mit den Wissenschaftlern ist, dass sie Spielzeug wirklich lieben. Sie interessieren sich für alles, was komisch aussieht. Und sie sind erst glücklich, wenn sie beschreiben können, wie es sich verhält.«

Wackelsteine gibt es aus Stein, Metall, Glas und Holz. Immer sehen sie jedoch etwa so aus wie ein Bootsrumpf. Diese so symmetrisch aussehende Kleinskulptur hat jedoch ein merkwürdig unsymmetrisches mechanisches Verhalten: Dreht man so ein Schiffchen in eine Richtung, so dreht es sich einige Male um sich selbst. Plötzlich aber beginnen die Enden wie im Protest auf und ab zu wippen. Je langsamer die Drehung wird, desto stärker wackelt der Stein, bis die Drehung zum Stillstand kommt. Dann jedoch kommt das Ungeahnte – und daher wohl auch die Bezeich-

▸ *und Seiten 108, 109: Wackelstein im Dynamikum Pirmasens; Design von Jack Mankiewicz (www.bildekraft.de).*

nung »rebellischer Wackelstein«: Das Schiffchen fängt an, sich in die andere Richtung zu drehen, als ob eine unsichtbare Hand den physikalischen Gesetzen einen Streich spielte. Was mag der Grund dafür sein? Dreht man das Schiffchen in die andere Richtung, so wird es sich auch in dieser, seiner bevorzugten Richtung, weiterdrehen. Es gibt allerdings auch Wackelsteine, die ihre Drehrichtung immer verändern, egal, in welche Richtung man den Impuls gibt.

Eine andere Möglichkeit, das Schiffchen in Bewegung zu setzen, ist ein leichtes Antippen an einem Längsende bzw. das Anheben und Loslassen des Längsendes. Es kommt dadurch in eine leichte Schaukel- oder Wackelbewegung, und nach kurzer Zeit beginnt es, sich in seiner Vorzugsrichtung im Kreis zu drehen. Tippt man es dagegen an einer Querseite an, so dreht es sich entgegen seiner Vorzugsrichtung. Noch interessanter ist, zu beobachten, was passiert, wenn man es sehr schnell entgegen seiner Vorzugsrichtung in Drehung versetzt. Was immer man tut, der Wackelstein verhält sich fast immer anders, als er es eigentlich sollte, geht man einmal von der Richtigkeit von Newtons Bewegungsgesetzen aus. Die besagen, dass ein Gegenstand in Bewegung dazu neigt, in Bewegung zu bleiben, solange keine äußere Kraft auf ihn einwirkt. Reibung und Schwerkraft können offensichtlich so ein Schaukeln und Stehenbleiben oder gar ein Umdrehen der Richtung nicht bewirken – was also geht hier vor?

Wackelsteine, Wackelhölzer – ob von Menschenhand gemacht oder in der Natur gefunden – müssen irgendeine Art nicht offensichtlicher Asymmetrie in sich bergen. Je nachdem, auf welcher Seite der Längsachse des Schiffchens sich die Asymmetrie befindet, ergibt sich die bevorzugte Drehrichtung im Uhrzeigersinn oder dagegen.

Das kann damit zu tun haben, dass für die Basis zwei verschiedene Radien vorliegen – obwohl das Schiffchen symmetrisch aussieht, gibt es tatsächlich einen längeren und einen kürzeren Radius. Oder die Symmetrieachsen liegen nicht exakt da, wo sie eigentlich sein sollten. Oder die Verteilung der Masse über die horizontalen Achsen ist nicht genau gleich. Wie gesagt, offensichtlich ist das alles nicht, und verstehen muss man es auch nicht. Ob es sich um einen Wackelstein handelt oder nicht, kann man auch nur durch Ausprobieren herausfinden. Bei einem Spaziergang im Wald, am Meer oder an einem Fluss können Sie einmal versuchen, einen Wackelstein oder ein Wackelholz zu finden. Ganz sicher gibt es welche in Nürnberg (www.erfahrungsfeld.nuernberg.de), Wolfsburg (www.phaeno.de), Pirmasens (www.dynamikum.de) und im Schweizer Rüttihubelbad (www.sensorium.ch).

25 Schriften und Schreiben

Es mag seltsam erscheinen, Schriften als eigenes Kapitel in ein Buch über das Erfahrungsfeld aufzunehmen. Und doch sind sie von Idee, Methode und Ziel des Erfahrungsfelds nicht wegzudenken. Sie bieten – ob gelesen oder geschrieben – Grunderfahrungen, die mit dem Wesen des Menschen verbunden sind, sie führen ähnlich wie andere Stationen zu Aha-Effekten, und sie führen in den ästhetischen Raum hinein, der Basis für alles Lernen und Erkennen ist. Muss ich anfügen, dass es mir um Handschriften geht? Sicherlich sind Design und Werbegrafik darin geübt, mit festgelegten Schrifttypen Konsumenten zu beeinflussen – an die Lebendigkeit einer menschlichen Handschrift werden sie nie heranreichen können, und die Erfahrungen mit dem Selbst-Schreiben kann uns kein Computer abnehmen. Historisch gesehen, ist die Kunst des Schönschreibens (Kalligrafie) in Europa sogar erst als Antwort auf die als nicht schön empfundene Druckschrift ausgelöst worden. Heute dagegen ist es schon eine Ausnahme, wenn man einen von Hand adressierten Brief bekommt.

Hugo Kükelhaus selbst war es, der als Meister des Zeichnens und Schreibens den Aspekt der Handschrift ins Erfahrungsfeld einführte. Noch heute fühlen sich gutmeinende Ausstellungsmacher bemüßigt, lesbare Begleittexte zu den Stationen herzustellen, und verkennen den Ansatz, dass die »unlesbaren« Kalligrafien von Kükelhaus Werke einer eigenen Kategorie darstellen – als wäre es ihm nicht möglich gewesen, einen Drucker zu bemühen! Es ist wahr, die originalen Schriften von Hugo Kükelhaus sind sogar bei Anerkennung ihrer Schönheit von immer weniger Menschen lesbar. Aber das ist nicht ungewöhnlich für eine Kalligrafie – wer kann schon die chinesischen Schriftzeichen lesen, die wir mit Kalligrafie am ehesten verbinden? Und sind ein Klangstein oder eine Partnerschaukel leichter lesbar, leichter verständlich? Dass die Schriften von Kükelhaus nicht als einfache Informationstafeln gedacht waren, lässt sich schon aus ihren Formulierungen schließen, die oft mehr verbergen, als sie offenbaren, jedoch in neue Räume führen können, wie es nur Kunstwerke vermögen. Oder kommt es bei einem Gemälde von Picasso oder bei einem Gedicht von Rilke auf deren Informationsgehalt an?

Die Erfindung von Schriften steht am Beginn der Hochkulturen. Nicht umsonst wird Schreiben neben Lesen und Rechnen als Grundbedingung zur Teilhabe am gesellschaftlichen Leben auch heute auf der ganzen Welt gelehrt. Die Handschrift ist menschlich wie die Rede, während das Buch oder die Tonkonserve maschinelle Produkte und daher weiter von der Quelle entfernt sind. Im Original liegt Kraft und Authentizität. Mit der Handschrift sind wir unser Leben lang verbunden, setzen uns mit ihr auseinander und drücken uns durch sie aus – und das meistens unbewusst. Denn es ist wie mit dem Autofahren: Haben wir es einmal gelernt, geht es wie automatisch, und wir konzen-

◂ Originaler Schriftzug von Hugo Kükelhaus in seinem »Unbezahlbaren Haus« in Soest (Foto: Walter Siegfried Hahn).
▸ und Seite 115: Alter Beuys-Platz im Erfahrungsfeld Eins + Alles, Welzheim, mit Fragmenten eines Gedichts von Joseph Beuys.
Seite 114: Schrifttafel am neuen Beuys-Platz im Erfahrungsfeld Eins + Alles, Welzheim.

trieren uns nicht mehr auf das Fahren selbst, sondern auf die Strecke. Wir konzentrieren uns nicht auf das Schreiben, sondern auf das zu Schreibende. Das ist der Grund, warum soviel »Persönliches« in unserem Schriftbild auftaucht, warum es ein Bild der Seele sein, warum es so ehrlich sein kann: Bei der Konzentration auf das zu Schreibende offenbart sich der Schreiber. Zugleich liegt in diesem Moment auch der Schritt zur künstlerischen Freiheit, das Tor zur Kalligrafie, wenn man nämlich das zuvor Unbewusste nun mit Bewusstheit tut. In der Kalligrafie tauscht man den Bleistift mit dem Federkiel oder Pinsel und schreibt mit Tinten auf wertvollen Papieren. Ihr meditativer Charakter, der sich äußert, wenn man sie als künstlerische Disziplin übt, weist schon darauf hin, dass die Kalligrafie auch ein Schulungsweg für die Seele sein kann.

Mit der Handschrift begeben wir uns in einen besonders menschlichen Raum, einen Raum, der von Feinheit und Sensibilität geprägt ist. Mit dem Erlernen der Schrift entsteht auch ästhetische Kompetenz, entwickeln sich Feinmotorik und Willen, und beim Feilen an der Schrift entfaltet man diese Kompetenzen weiter. Beim Anschauen einer Handschrift bildet sich schnell ein Urteil über die schreibende Person, ähnlich wie wenn ich ein Gesicht oder eine Geste sehe. Nicht nur die Hand ist beim Schreiben beteiligt – der ganze Mensch ist mit seinem ganzen Leib involviert, wie sich an Herzschlag, Atmung oder Muskeltonus ablesen lässt. Deswegen ist es auch schwer, seine Handschrift zu verstellen oder sie gar dauerhaft zu verändern. Der Willensaufwand bei der Änderung der Handschrift ist so groß, dass er gut zur Veränderung tiefgehender charakterlicher Strukturen genutzt werden kann – eine Selbstschulungsmethode ersten Ranges. Wer seine Handschrift ändern will, erfährt nur allzu leicht den Sinn des Worts »der Geist ist willig, aber das Fleisch ist schwach«.

Was an anderen Stationen des Erfahrungsfelds und an Kunstwerken erfahrbar ist, das kann man auch an Schriften erleben: Ich kann sie negieren, mich distanzieren oder in ihnen aufgehen, mit ihnen eins werden, ja sie in mir selbst auffinden. Im öffentlichen Raum gibt es heute wenig Platz für (schönes) Schreiben: Bei der Gestaltung von Urkunden, Plakaten oder Eintragungen in ein Goldenes Buch etwa gibt es noch Rudimente – der größte Anteil an öffentlich sichtbaren Schriften wird heute maschinell erzeugt. Es ist eine offene Aufgabe für Erfahrungsfelder, die Kunst des Schreibens in ihre Ensembles aufzunehmen, ob das in Form von eigenen Stationen, kalligrafischen Kunstwerken, Seminaren oder als Teil von Führungen ist. Auch in Schulen, Hochschulen und in der Gestaltung von öffentlichen Räumen ist Platz dafür – so lernte ich in meinen ersten Schuljahren neben lateinischer auch noch die deutsche Schrift, und selbstverständlich gab es das Fach Schönschreiben.

NIMM
KINDER
ERNST

LACHE

26 Raum

▸ *Installation »Rote Achse« von Hans-Jörg Palm im Erfahrungsfeld Eins + Alles, Welzheim.*

Der Raum ist wie die Zeit als Thema in einer Ausstellung essenziell, die menschliche Grunderfahrungen aermöglicht. Das mag in einzelnen Installationen wie dem Dreizeitenpendel oder dem Monochord manifest sein, wo beide Dimensionen eng verwoben sind. Es ist jedoch vor allem in der Durcharbeitung des (Ausstellungs-)Raums spürbar. Die Methode Erfahrungsfeld geht weit über eine »Möblierung« von Flächen hinaus, sie ermöglicht ein Wachsen aus den lokal gegebenen Möglichkeiten und Eigenarten. Sie basiert damit nicht nur auf der Naturwissenschaft Goethes, sie ähnelt auch anderen Methoden der Lebenswissenschaften wie der Geomantie oder des Feng Shui. Statt Räume und Flächen einfach mit Stationen vollzustellen, wird der Raum an sich zu einer Erfahrung, und die einzelnen Objekte und Installationen wachsen wie natürlich an bestimmten Verdichtungspunkten aus ihm hervor. Nutzt man diese Vorgehensweise in Schulen und Kindergärten, so erhält der Raum den Rang eines »dritten Erziehers« – anstatt eines Leer-Raums, der mit Kindern gefüllt wird, wird er zum Lehr-Raum, aus dessen Logik die Dinge verständlich werden.

Schon im Kapitel über Führung wurde angesprochen, wie die Führung der Wege zu den (meist unbewussten) Grunderlebnissen beim Gang durch jegliches Gelände gehört. Es trägt zum Erfolg einer Einrichtung bei, auch die Gestaltung von Wegen – um bei diesem Beispiel zu bleiben – an deren Sinn zu orientieren. Beim nächsten Gang durch einen Supermarkt können Sie sich einmal fragen: Sind die Wege so angelegt, damit ich möglichst schnell das finde, was ich will, oder so, dass ich möglichst viel Geld ausgebe? Jeder wird schon einmal gesehen haben, wie um neue Wohnblöcke herum Trampelpfade entstehen, obwohl wunderschöne, auf dem Reißbrett geplante Wege angelegt wurden. Letzteres ist ein Beispiel dafür, wie Vorstellungen – in diesem Fall in Form von Wegen – realisiert werden, die an den Bedürfnissen der Betroffenen oder den Besonderheiten des Geländes vorbeigehen. Ähnlich geht es bei der Gestaltung von Räumen darum, die Eigenheiten des Orts und die (tiefsten) Wünsche der Betroffenen herauszufinden. Das ist nur möglich mit Zeit: Zeit für Beobachtung, Zeit, die Dinge wachsen zu lassen – und sei es in der eigenen Seele. Wer diese Zeit aufbringt, schafft Räume, in denen Besucher beim Eintreten sofort das bekannte Aha-Erlebnis haben: Hier stimmt etwas, hier fühle ich mich berührt. Denn hier wurde nicht etwas künstlich von außen aufgesetzt, sondern auf vorhandene Strukturen und Vorgaben gebaut.

Eintreten in einen Raum heißt immer Begegnung – Begegnung mit dem Ort und mit sich selbst. Entsprechend sind Räume Mittel zur Bildung oder, besser, sie schaffen Platz für die Selbstbildung des Menschen. Sie bilden, indem sie unsere Schritte und Blicke, unser Ohr und unser Gleichgewicht lenken, anregen und aufhalten. Sie beleben durch den in ihnen angelegten Rhythmus von Geraden und Kur-

◂ »Rote Achse« im Eins + Alles, Welzheim.
▸ Im Park der Sinne, Bremervörde.

ven, Weitungen und Verschmälerungen, Verdichtungen und Öffnungen. Wenn sie akzentuieren und hervorheben, schaffen sie Platz für die Erfahrung von Phänomenen, für das Anregen von Interesse und das gezielte Beobachten. Sie kulminieren in Stationen und Installationen, an denen ein Phänomen in seiner Reinheit als quasi wissenschaftliches Experiment beobachtet werden kann, sei das eine Partnerschaukel, ein Komposthaufen oder ein Bienenvolk.

Das Schöne an den Erfahrungsfeldern ist, dass sie nicht die Partnerschaukel als abstrakte Idee darstellen, sondern ihre je eigene Partnerschaukel. Ganz im Goethe'schen, ganz im ganzheitlichen Sinn bildet die individuelle Partnerschaukel nicht eine fehlerhafte Abweichung von der richtigen, sondern ergänzt und bereichert den Typus zur Ganzheit. Das Gleiche gilt selbstverständlich für den Komposthaufen und das Bienenvolk und die ganze Gestaltung des Raums. Und während wir so in Räume treten und beobachten und reiche und immer reichere Erfahrungen machen, bereichern wir uns und bilden uns, ohne dass etwas oder jemand dabei ärmer wird. Indem wir uns selbst begegnen, indem wir die Phänomene im Außen auch als einen Teil von uns selbst erleben, indem wir eine Resonanz von außen und innen spüren und uns als Teil des Ganzen empfinden, erfahren wir auch ein Stück Heilung. Kein Wunder, dass die Methode Erfahrungsfeld im Verein mit Gärten und Parks vermehrt auch gezielt in der Therapie eingesetzt

◂ *Weidendom im Erfahrungsfeld Nürnberg.*

▸ *Das »Insektenauge« im Park der Sinne, Hannover-Laatzen.*

wird. Im Unterschied zu einem nur auf das Angenehme zielenden Konzept wie dem der Wellness geht es im Erfahrungsfeld um gezieltes Zelebrieren von Polaritäten: Wo Licht ist, ist Schatten, ein Oben bedingt ein Unten.

An einigen Orten scheint mir die Gestaltung des Raums beispielhaft gelungen, etwa im Wiesbadener Erfahrungsfeld (www.schlossfreudenberg.de), im Garten für die Sinne in Hornburg (www.hornburg.de) und auf der Museumsinsel Hombroich (www.inselhombroich.de), wo jeweils vorhandene Orte umgestaltet wurden. Auch das Kasseler Erfahrungsfeld macht schon in der Umbauphase Freude – es wird sich ab 2012 dauerhaft in einer ehemaligen Ziegelei präsentieren (www.erfahrungsfeld-kassel.de). Schwieriger ist es, entsprechende Orte vollkommen neu aufzubauen. Noch stärker muss es dort darum gehen, die Anlage und das Anliegen des jeweiligen Orts zu studieren und die Fragen der Menschen zu kennen und aus der Zukunft heraus zu spüren. Es bietet sich ein meditativer Zugang an, durch den über eine längere Verbindung mit Zeit und Ort die Pläne reifen können. Gute Beispiele dafür sind das Biberacher Erfahrungsfeld (www.jordanbad.de), das Welzheimer Eins + Alles – gestaltet von Lothar Bracht (www.eins-und-alles.de), der Mars Skipper Hof bei Hamburg (www.eingartenfuerdiesinne.de) und der zur Expo 2000 von Hans-Joachim Adam geschaffene Park der Sinne in Hannover-Laatzen (www.laatzen.de).

27 Kunst

Kunst spielt in verschiedener Form eine Rolle im Erfahrungsfeld: im Verständnis eines Orts als Gesamtkunstwerk, im Sinn des erweiterten Kunstbegriffs von Joseph Beuys, in einzelnen Objekten, aber auch, weil Sinnesschulung Anfang und Grundlage von Kunst ist. Schon der Begriff Ästhetik hängt eng mit der Frage der Wahrnehmung (griechisch: aisthesis) zusammen. Ohne Wahrnehmung gibt es weder selbständiges Urteilen noch eigenständiges Schaffen. In einer Zeit der Verarmung der Sinne ermöglicht das Erfahrungsfeld die früher selbstverständlichen Sinneserfahrungen, die Grundlage jeder Kunst sind. Doch auch die Frage »Was ist Kunst?« spielt eine Rolle gerade an den Übergängen von Natur und Kunst oder Skulptur und »Station«.

Kunst ist immer künstlich, also nicht von Natur aus da. Sie ist immer absichtlich von Menschen gemacht und »unnötig«, also ohne direkten »Nutzen«. Sie ist besonders menschlich, weil sie aus Freiheit geschaffen wird und ihr Sinn ein höherer oder auch nicht verständlich ist. So gesehen, ist sowohl die Idee des Erfahrungsfelds als Ganzes als auch das einzelne Erfahrungsfeld als Kunstwerk zu sehen. Darüber hinaus trifft das Verständnis des Erfahrungsfelds als Prozess, als offenes, sich entwickelndes Kräftefeld auf einen Aspekt, der in der modernen Kunst immer wichtiger wird. Und schließlich formuliert Hugo Kükelhaus in einer berühmten Gleichung, welch schöpferische Rolle jedem Besucher ohnehin zukommt: »Das ganze Unternehmen hat

◂ *Kunst in den Erfahrungsfeldern Hannover-Laatzen (oben links: Sabbat-Tisch von Varda Ghivoly und Ilan Gelber), Eins + Alles, Welzheim (oben Mitte und rechts, unten links und rechts) und Magdeburg (unten Mitte).*

Seite 122: »Flammentanz« im Erfahrungsfeld Nürnberg. Seite 123: Farbräume von KuKuK im Eins + Alles, Welzheim.

▾ *»Fuchs und Rabe« von Stefan Horota im Zoologischen Garten Rostock.*

den Charakter eines Gesamt-Theaters, in dem der Besucher zugleich und in einer Person Autor, Regisseur, Schauspieler und Zuschauer ist = Utopia.«

Neben einer bewussten Gestaltung des Felds, der einzelnen Objekte und der Organisation selbst ist es die Begegnung mit dem Besucher, speziell in Führungen, die künstlerisches Schaffen aus dem Moment verlangt. Sie sind, ganz im Gegensatz zu vorgefertigten Museumsführungen auf Tonband, darauf angelegt, einen Raum zu schaffen, in dem Neues entstehen kann. Der klassische Gegensatz der Kulturpädagogik zwischen Deutung und individueller Erfahrung wird so ganz nebenbei auch überwunden. Wird dieser offene Ansatz darüber hinaus noch in der Gemeinschaft der zusammenarbeitenden Menschen verfolgt, darf wohl von einer »sozialen Plastik« (Beuys) gesprochen werden.

In der engeren Bedeutung gibt es »Kunst« auch in Form von Objekten, ob eher im klassischen Sinn oder in Form von »sinnlichen« Installationen. Sie gewinnen an Ästhetik durch Unentschiedenheit und Übergänge. Wo etwa hört die natürliche Schönheit des Walds auf, wo fängt der künstliche Eingriff des Menschen an? Ist eine Plastik oder ein Bild nur zum Anschauen, oder darf man es auch anfassen und mehr? Die Übergänge sind fließend, die Sinne offen, und vieles ist möglich. Ein weiterer Aspekt ist das Bemühen, Gesetze oder Archetypen als »reine« Phänomene darzustellen, was vom Künstler viel Hingabe erfordert. Im Besucher fördert es statt einer kühlen Distanz den Sinn für die Schönheit und das Erlebnis, Teil des Ganzen zu sein.

Es hängt maßgeblich von den Verantwortlichen und den Gestaltern der Ausstellungen ab, inwiefern diese einen künstlerischen Anspruch haben. Die Stuttgarter Künstlergruppe KuKuk (www.zumkukuk.de) hat an vielen Orten Werke gestaltet, die im Zwischenraum von Kunst und Natur mit der Wahrnehmung spielen. Ihre humorvollen Installationen sind nicht nur auf Gartenschauen, Plätzen und Schulhöfen zu erleben, sondern etwa auch im Erfahrungsfeld Eins + Alles (www.eins-und-alles.de). In Wiesbaden (www.schlossfreudenberg.de) begann schon 1993 eine wechselnde Gruppe von Künstlern mit dem Aufbau eines der ersten permanenten Erfahrungsfelder. Sie orientierten sich an der Museumsinsel Hombroich bei Neuss (www.inselhombroich.de), wo es alte und moderne Kunst in einem der Wahrnehmung förderlichen Umfeld zu erleben gibt. Aber auch in vielen anderen Erfahrungsfeldern, wie Mosbach, Kotzenbüll, Kassel oder der LandschaftsSINNfonie im Schweizer Grabs ist der künstlerische Ansatz deutlich. Auf dem biologisch-dynamischen Hof Kultur-Gut Holzhausen in Westfalen werden seit 1999 jährlich neue Objekte bedeutender Künstler im Spannungsfeld von Natur und Kunst aufgebaut, die sich bewusst mit der umgebenden Wald- und Hügellandschaft auseinandersetzen (www.kulturgut-holzhausen.de).

28 Tiere

Wer wissen will, wie Menschen nur allzu oft mit Tieren umgehen, dem sei der Film »Earthlings« (Erdlinge) empfohlen. Auf der Internet-Seite der Albert-Schweitzer-Stiftung ist er direkt anzusehen (http://albert-schweitzer-stiftung.de/tierschutzinfos/tiervideos/earthlings). In dem Film wird unter anderem davon gesprochen, wie Menschen überheblich von ihrer Nation auf eine andere (Nationalismus) schauen, von einer »Rasse« auf eine andere (Rassismus), von einem Geschlecht aufs andere (Sexismus), wie aber auch die Menschen als Art sich gegenüber Tieren überheblich und missbräuchlich verhalten. Aus einer im Grund gleichen Haltung gegenüber dem Anderen und Andersartigen ist in der Geschichte unendliches Leid entstanden und entsteht heute noch, sei es gegenüber anders Denkenden, anders Glaubenden, Andersfarbigen oder das andere Geschlecht, meist das weibliche. Unter diesem allen liegt das Leid von Tieren, das grenzenlos zu sein scheint.

Die Qualen und das Leid von Tieren bis zur Ausrottung ganzer Gattungen werden ebenso selbstverständlich hingenommen wie Kriege, Missbrauch und Vergewaltigung – meist fühlt man sich nicht imstande, etwas zur Besserung zu tun. Dabei sind alle genannten Katastrophen menschengemacht, also auch von Menschen veränderbar. An dieser Stelle findet sich nach meinem Empfinden eine gewisse Berechtigung, Tiere in Erfahrungsfeldern »auszustellen«. Ich bezweifle die Berechtigung, Elefanten und Löwen aus

◂ *Auf der Suche nach dem Autor –*
Hühner auf dem Mars Skipper Hof, Kotzenbüll.
▸ *Gänsefrühstück im Eins + Alles, Welzheim.*
▸▸ *Marienkäfer in der Hugo-Kükelhaus-Schule Magdeburg.*

ihrer natürlichen Umwelt zu reißen und in das kalte Klima Europas und die – bei allen Verbesserungen der letzten Jahre – beengten Verhältnisse eines Zoos zu bringen. Ich sehe jedoch die Notwendigkeit, Begegnungsräume für Mensch und Tier zu schaffen. Nicht zuletzt deshalb habe ich selbst die Initiative Erfahrungsfeld Bauernhof gegründet, die Führungspersönlichkeiten für genau diesen Zweck ausbildet: Begegnung von Mensch und Erde, Begegnung von Mensch und Tier dort, wo die Tiere wenigstens zum Teil noch zu Hause sind, auf dem Bauernhof.

Begegnung schafft im Regelfall Bekanntschaft, Kenntnis und Beziehung. Wer eine eigene sinnliche Erfahrung mit einer Kuh gemacht hat, wird nicht nur bemerken, dass sie tatsächlich nicht lila ist, wie in der Fernsehwerbung dargestellt (entsprechende Bemerkungen von Schülern habe ich oft bei Führungen gehört), sondern auch eher ein Gefühl dafür entwickeln, dass es sich auch bei ihr um ein fühlendes Wesen handelt. Der kann sich auch vorstellen, wie es sich für sie anfühlt, in eng bepackten Transportfahrzeugen zusammen mit anderen Rindern kreuz und quer durch Europa gekarrt zu werden. Sie erleben dort massiv Stress und Angst. Und wie fühlt es sich wohl für ein Ferkel an, ohne Betäubung kastriert zu werden – das geschieht 20 Millionen mal im Jahr allein in Deutschland und ist sogar vom Gesetz geschützt. Wer will noch Hühnchen oder Hühnereier essen, wenn er eine industrialisierte Massen-

◂ *Hauskatze Annemarie im Sensorium im Rüttihubelbad, im Hintergrund Wohnungen für Wildbienen.*
▾ *Ein Lama führt einen Gast durch das Erfahrungsfeld Eins + Alles in Welzheim.*

tierhaltung persönlich erlebt hat? Den meisten dürfte der Appetit vergehen. Und sicherlich würden viele Kosmetika nicht mehr verwendet werden, wenn ihre Anwenderinnen wüssten, wie viele Versuchstiere dafür unerträglich leiden mussten – obwohl es seit Jahrzehnten Unternehmen gibt, die bessere Produkte auf den Markt bringen, ohne je einen Tierversuch gemacht zu haben.

Dabei wird unsere Verbundenheit mit dem Tierreich und unsere Abhängigkeit davon durchaus in den Schulen gelehrt. Doch offensichtlich ist das tote Wissen ohne lebendige Erfahrung und Begegnung nichts wert. Der Albert Einstein zugeschriebene Satz ist heute wohl bekannt: »Wenn die Bienen verschwinden, hat der Mensch nur noch vier Jahre zu leben; keine Bienen mehr, keine Pflanzen, keine Tiere, keine Menschen mehr.« Die Erfahrungsfelder haben die Botschaft wohl verstanden und zeigen beispielsweise Bienenvölker. Sie schaffen damit oft eine erste Begegnung mit diesem für die Bestäubung der Obstbäume und die Fruchtbarkeit der Erde so wichtigen Wesen. Viele Kinder und Jugendliche erkennen zum ersten Mal, dass es sich nicht um Wespen handelt oder dass Bienen etwas anderes als Fliegen oder Wespen sind. Auch wenn die Lebensbedingungen dieser Bienenvölker oft nicht optimal sind – man bedenke nur die vielen unadäquaten Kontaktversuche durch Klopfen am Bienenhaus – scheint es mir das Opfer »wert« zu sein. Denn die verschwindend geringe allgemeine Bekanntschaft mit Bienen ist geradezu diametral entgegengesetzt zu ihrer Wichtigkeit und zu ihrem geheimnisvollen Wesen.

Andere Tierarten halten erst allmählich Einzug in die Erfahrungsfelder der Sinne, was sicherlich mit dem Pflegeaufwand zusammenhängt, den ein Tier mit sich bringt. Es geht aber auch anders. Der Berliner Künstler Inox Kapell (www.inoxkapell.de) etwa hat im Café von Schloss Freudenberg (www.schlossfreudenberg.de) eine witzige Installation mit Insekten geschaffen, die oft erster Anstoß ist, sich mit dem Thema auseinanderzusetzen. Inox macht auch Führungen in die Insektenwelt, und es ist immer wieder erstaunlich, zu sehen, wie fasziniert die Teilnehmenden die (Erfahrungs-)Tatsache aufnehmen, dass unsere Welt so reich und vielgestaltig von Insekten bevölkert ist.

Tiere wie Lamas, Esel und Pferde haben Einzug in Therapien und Team-Entwicklung gefunden und sollten mehr und mehr in Kindergärten, Schulen und auch Erfahrungsfeldern leben können. Im Welzheimer Eins + Alles (www.eins-und-alles.de) oder im Lukashaus in Grabs in der Nähe von Liechtenstein (www.landschaftssinnfonie.ch) sind sie in vorbildlicher Weise zu erleben.

Die Realität im Umgang mit Tieren ist leider oft in zwei Extremen zu erfahren: Entweder der Landwirt erlebt sich unter dem Druck des Rechenstifts nur noch in der »tierischen Massenproduktion«, ohne zu bemerken, welche

▸ Wildenten im Haus am See im Park der Sinne, Bremervörde.

▸▸ Störche im Zoologischen Garten Rostock.

▾ Insektenhotel in der Hugo-Kükelhaus-Schule Magdeburg.

Verluste an menschlicher Substanz er dabei selbst in Kauf nehmen muss. Oder die tiefen Sehnsüchte des Menschen nach Begegnung mit Tieren treten in der Liebhaber-Tierhaltung oder der Großstadtflucht am Wochenende und im Urlaub zutage. Ein respektvoller Umgang mit Tieren, wie er auf biologisch-dynamischen und manchen organischen und auch konventionellen Betrieben üblich ist, scheint ein Mittelweg zu sein, der sowohl wirtschaftliche Notwendigkeiten berücksichtigt als auch die Bedürfnisse von Menschen und Tieren. Wenn sich die Betreiber von landwirtschaftlichen Betrieben im Sinn der CSA (Community Supported Agriculture) mit einer Gruppe von Menschen, die ihre Erzeugnisse dauerhaft abnehmen, verbinden, können die dort lebenden Tiere mehr und mehr in einer ihnen gerechten Weise leben und zum Alltagserlebnis aller Beteiligten werden. Tiere, in ihrer Eigenart gehalten und gepflegt, sind wichtige Bestandteile einer lebenswerten Welt, und es ist wichtig, Begegnungsmöglichkeiten zwischen Mensch und Tier zu schaffen.

29 Menschen-Kinder

Erfahrungsfelder sind gestaltete Orte. Sie sind verdichtet in Stationen und Installationen. Sie sind nicht denkbar ohne die Menschen, die sie gründen, entwickeln, betreiben, in ihnen arbeiten, sie besuchen. Menschen machen Erfahrungsfelder für Menschen. Sie teilen ihre Erkenntnisse, ihre Neugierde, ihren Spieltrieb mit ihren Besuchern, und dabei lösen sich die Rollen von Machern und Be-Suchern oft genug auf. Oft wird gefragt: Für wen ist das Erfahrungsfeld? Die Antwort lautet: Für Menschen. Eine Kindergärtnerin, die mit ihrer Gruppe ein Erfahrungsfeld besucht, flüstert einem heimlich zu: »Mein Mann ist Bankdirektor – meinen Sie, das wäre auch etwas für ihn und sein Team?« Ein Manager, der mit seinen Kollegen da ist, fragt: »Ist das auch etwas für Kinder – meine Frau ist Lehrerin?«

Das Erfahrungsfeld ist überall und für alle, es ist die sinnliche Erfahrung des Lebens auf dem Planeten Erde. Im Erfahrungsfeld ist es verdichtet, um uns daran zu erinnern, dass wir Augen im Kopf und ein Herz in der Brust haben, denn schon Goethe sagte: »Was ist das Schwerste von allem? Was dir das Leichteste dünket: Mit den Augen zu sehn, was vor den Augen dir lieget.« Das gilt für alle Sinnesorgane. Statt wahrzunehmen, was ist, leben wir in (Vor-)Urteilen und Vorstellungen. Aus diesen Vorstellungen heraus gestalten wir unser Leben. Das Erfahrungsfeld ist ein »Denk-Mal«, das uns daran erinnert, dass wir tatsächlich sehen, wirklich hören und selbständig denken können.

◂ ▸ *Besucher im Park der Sinne, Hannover-Laatzen.*

Eine gesunde individuelle und gesellschaftliche Entwicklung basiert auf einer Pflege und Beanspruchung der Sinnesorgane vom Anfang bis zum Ende eines Lebens. Die immer größere Flut von virtuellen Angeboten muss eine Grundlage in Sinneserfahrungen haben, sonst ergibt sich aus ihnen kein Sinn – und kein Fundament für »übersinnliche« Erfahrungen. Die Pflege der Sinne beginnt schon im Mutterleib, wenn auch die amerikanische Idee einer »Fötus-Universität« über das Ziel hinausschießt. Man will sich dabei die Ergebnisse der Gehirnforschung zunutze machen und durch Berieselung der Föten mit Mozart und Mathematik künftige Genies heranziehen ...

Wie schon im Mutterleib, so wäre auch ein Kleinkind so lange wie möglich vor den verheerenden Auswirkungen von Fernsehapparaten, Mobiltelefonen und Computern zu schützen. Stattdessen wäre alles zu tun für vielgestaltige und dem Lebensalter angepasste sinnliche Erfahrungen, was wiederum eine gute Basis für einen fähigen Umgang mit Virtualität zu einem späteren Zeitpunkt ist. Verlässliche Rhythmen für Ernährung und Pflege erzeugen Geborgenheit und Sicherheit in der Dimension Zeit. Grunderfahrungen mit dem Tastsinn wie das Pucken oder auch die von Hugo Kükelhaus geschaffenen Greiflinge (www.bildekraft.de) schaffen Sicherheit im Umgang mit Grenzen, Nähe und Distanz. Authentizität könnte sogar als Stichwort bis zum Ende der Schulzeit gelten: authentische und neugierige

◂ *Installation von KuKuK im »Kinderland« auf der Insel Mainau im Bodensee.*
▸ *Wasserstrudel im Erfahrungsfeld Kassel.*

Lehrer, die im Leben etwas erlebt haben, statt nur in Schulen und Uni gesessen zu haben, authentische Erfahrungen und Dinge: Hundert Gramm reine Wolle sind mehr wert als zehn Plastikautos.

Erfahrungsfelder sind Zentren der Sinneserfahrung, wie Banken Zentren des Geldes oder Kirchen und Moscheen Zentren des Gebets sind. Neben der Konzentration von sinnlichen Dingen in ihnen erinnern sie uns auch daran, dass wir sinnliche Wesen sind, und regen uns an, mehr Sinn und mehr Sinnlichkeit in unseren Alltag zu bringen. In Erfahrungsfeldern erlebt man nicht nur oft, wie Männer und Frauen wieder zu Kindern werden. Oft werden auch Kinder zu Führern der Erwachsenen. Das kindliche Wesen der Neugierde und des Entdeckens erwacht in allen Menschen, und eine Ahnung entsteht, was mit dem Spruch »Wenn ihr nicht werdet wie die Kinder ...« gemeint sein könnte. Auch Hugo Kükelhaus bekannte zum Ende seines Lebens: »Alles was ich getan habe, habe ich für die Kinder getan.« Das Erfahrungsfeld ist also tatsächlich für die Kinder. Für die Kinder, die in allen Menschen verborgen sind. Oder besser noch: für das Kind.

Autor und Autorin

Walter Siegfried Hahn
Weltanschauer

Walter Siegfried Hahn ist auf vielen Gebieten künstlerisch, unternehmerisch und pädagogisch tätig. Seine Vorträge, Seminare, Reisen, Ausbildungen und Beratungen basieren auf Willensanregung und Erfahrungslernen. Er arbeitet in mehreren Ländern Europas, Asiens und Amerikas für wirtschaftliche und kulturelle Unternehmen und in öffentlich Veranstaltungen. Er sagt über sich: »Eigentlich bin ich Komponist. Ich komponiere Situationen. Das läuft dann als Seminar, Tagung oder als Beratung. Ich komponiere Situationen, in denen Menschen in gesteigertem Maß wahrnehmen. Und dadurch sich und die Welt verändern können.«

Walter Siegfried Hahn berät Erfahrungsfelder beim Aufbau und ihrer Weiterentwicklung, bildet Erfahrungsfeld-Teams fort und bietet öffentliche Seminare an. Er schreibt regelmäßig für verschiedene Zeitschriften. Von ihm ist der Führer »Erfahrungsfelder zur Entfaltung der Sinne« (ISBN 978-3922554-080) erschienen, und er ist Mitautor des Buchs »Geist = Kapital« (ISBN 978-3924391-423).

www.waltersiegfriedhahn.de
www.bildekraft.de

Charlotte Fischer
Fotografin

In ihren Arbeiten verzichtet Charlotte Fischer grundsätzlich auf Blitzlicht und arbeitet einzig und allein mit vorhandenem Licht (Available-Light-Fotografie). Sie nimmt sich viel Zeit für jedes einzelne Projekt, um auf den richtigen Moment, das richtige Licht zu warten. Die innere Haltung, »unsichtbar« zu werden für die Menschen, die sie fotografiert, ist ihr zur zweiten Natur geworden. Sie sagt über sich: »Die Bilder sollten eigentlich für sich sprechen.«

Charlotte Fischers Bilder sind in zahlreichen Büchern und Zeitschriften zu finden. Eines ihrer Lieblingswerke ist der Bildband »Gartenpark am Goetheanum« (ISBN 978-385636-2157).

www.charlottefischer.de

Erfahrungsfelder in Deutschland

Internationale Vorwahl: 0049

Imaginata
Umspannwerk
Gewerbegebiet Nord
Löbstedter Straße 67
07749 Jena
(036 41) 88 99 20
info@imaginata.de
www.imaginata.de.

Zoologischer Garten
Rennbahnallee 21
18059 Rostock
(03 81) 20 82-0
post@zoo-rostock.de
www.zoo-rostock.de

Ein Garten für die Sinne
Erfahrungsfeld Mars Skipper Hof
Gardinger Chaussee 3
25832 Kotzenbüll
(0 48 61) 61 74-80
info@eingartenfuerdiesinne.de
www.eingartenfuerdiesinne.de

Natur- und Erlebnispark Bremervörde
Welt der Sinne
Huddelberg
27432 Bremervörde
(Geschäftsstelle: Rathausmarkt 1)
(0 47 61) 98 71 50
nue@bremervoerde.de
www.parkdersinne-brv.de

Kurpark Bad Bevensen
Bad Bevensen Marketing GmbH
Dahlenburger Straße 1
29549 Bad Bevensen
(0 58 21) 570
bbm@bad-bevensen.de
www.bad-bevensen-tourismus.de

Park der Sinne
Am Holze
30880 Laatzen
(05 11) 875 68 74
parkdersinne@gmx.net
www.laatzen.de

Wege der Sinne Bakede
Rolf Wittich
Unter dem Wittkopf 26
31848 Bad Münder-Bakede
(0 50 42) 34 30
rolf.wittich@onlinehome.de
www.bakede.de

Sinnes- und Erfahrungspark auf dem Kiebitzhof
Werkstatt für behinderte Menschen
im Kreis Gütersloh gGmbH
Im Heidkamp 20
33334 Gütersloh
(0 52 41) 9 50 50
www.kiebitzhof.de

Erfahrungsfeld zur Entfaltung der Sinne Kassel
Wahlershäuser Straße 27 (Büro)
34130 Kassel
(05 61) 6 02 91 70
info@erfahrungsfeld-kassel.de
www.erfahrungsfeld-kassel.de

Mathematikum
Liebigstraße 8,
35390 Gießen
(06 41) 9 69 79 70
info@mathematikum.de
www.mathematikum.de

Optikparcours Wetzlar
Tourist-Information
Domplatz 8
35573 Wetzlar
(0 64 41) 99-77 55
tourist-info@wetzlar.de
www.optikparcours.de

Ein Garten für die Sinne
Amt für Tourismus
Pfarrhofstraße 5
38315 Hornburg
(0 53 34) 9 49 10
stadtmarketing@hornburg.de
www.hornburg.de

Hugo-Kükelhaus-Schule
Kosmonautenweg 1
39118 Magdeburg
(03 91) 61 40 26
www.hugo-kuekelhaus-schule.de

Phänomania Erfahrungsfeld
Am Handwerkerpark 8–10
45309 Essen
(02 01) 30 10 30
info@erfahrungsfeld.de
www.erfahrungsfeld.de

Schlosspark Neersen
Stadt Willich, GB Landschaft
und Straßen
Rothweg 2
47877 Willich-Neersen
(0 21 56) 49-2 67
stadtplanung@stadt-willich.de
www.stadt-willich.de

▲ *Führung im Erfahrungsfeld Kassel.*

Sinnespark Haus Kannen
Alexianer-Krankenhaus
Alexianerweg 9
48161 Münster
(02501) 9 66-20-0 00
i.copak@alexianer.de
www.alexianer.de/muenster/sinnespark

Gesundheitsgarten Erftstadt-Frauenthal
Richardstraße 14
50374 Erftstadt
(0 22 35) 776 06
kontakt@gesundheitsgarten-frauenthal.de
www.gesundheitsgarten-frauenthal.de.

Erfahrungsfeld der Sinne Troisdorf
Waldpark Troisdorf
Burgallee 1
53840 Troisdorf
(0 22 41) 1 65 29 89
s.krueger@knauer-krueger.de
www.kreativ-werkstatt-troisdorf.de.

Parcours der Sinne
Seminarhaus-Vulkaneifel
Hauptstraße 38
54552 Immerath/Vulkaneifel
(0 65 73) 99 64 04
info@seminarhaus-vulkaneifel.de
www.parcours-der-sinne.de

Viktoriastift
Cecilienhöhe 3
55543 Bad Kreuznach
(06 71) 8 35 50
www.viktoriastift.de

Erlebnisfeld Mannebach
St.-Martin-Straße 11
56290 Mannebach
(0 67 62) 89 34
www.erlebnisfeld-mannebach.de

sINNE erHALTEN
Annener Berg 15
58454 Witten
(0 23 02) 96 73-2 78
www.erfahrungsfeld-annener-berg.de

Sinnespark
St. Josef-Haus gGmbH
Königstraße 1
59329 Wadersloh-Liesborn
(0 25 23) 9 91-0
kontakt@st-josef-haus.de
www.st-josef-haus.de

Hugo-Kükelhaus-Gesellschaft und Stiftung Kükelhaus
Nöttenstraße 29 b
59494 Soest
(0 29 21) 3 33 02
post@hugo-kuekelhaus.de
www.hugo-kuekelhaus.de

Erfahrungsfeld zur Entfaltung der Sinne und des Denkens
Freudenbergstraße 220–226
65201 Wiesbaden-Dotzheim
(06 11) 4 11 01-41
kontakt@schlossfreudenberg.de
www.schlossfreudenberg.de

◂ *»Rote Achse« im Eins + Alles, Welzheim.*

▸ *Stuhl in der »Roten Achse« von Hansjörg Palm im Eins + Alles, Welzheim.*

Seite 143: Im Dynamikum Pirmasens.

Dynamikum
Im Rheinberger
Fröhnstraße 8
66954 Pirmasens
(063 31) 239 43-0
info@dynamikum.de
www.dynamikum.de

Erfahrungsfeld Sinnespark im PZN Wiesloch
Pfarramt Heilig Kreuz
Westliche Zufahrt 38
69168 Wiesloch
(0 62 22) 87 91
www.pzn-wiesloch.de

Eins + Alles
Erfahrungsfeld der Sinne
Laufenmühle 8
73642 Welzheim
erfahrungsfeld@laufenmuehle.de
www.eins-und-alles.de

SINNEsgarten der Johannes-Diakonie Mosbach
Schwarzacher Hof
74869 Schwarzach
(0 62 62) 22-2 06
eveline.winterbauer@johannes-diakonie.de
www.johannes-diakonie.de

Herrmannsdorfer Landwerkstätten
Herrmannsdorf 7
85625 Glonn
(08093) 90 94-0
glonn@herrmannsdorfer.de
www.herrmannsdorfer.de

Sinn-Welt
Jordanbad 12
88400 Biberach
(0 73 51) 34 37 00
sinn-welt@jordanbad.de
www.sinn-welt.info

Erfahrungsfeld zur Entfaltung der Sinne
Stadt Nürnberg, KUF/2
Untere Talgasse 8
90403 Nürnberg
(09 11) 2 31-31 65
erfahrungsfeld@stadt.nuernberg.de
www.erfahrungsfeld.nuernberg.de

Arche Natursinnesgarten
Mobiles Erfahrungsfeld
IBA NaturSinnesGarten
ARCHE e. V.
Oskar-Schlitter-Ring 17 (Büro)
93326 Abensberg
info@natursinnesgarten.de
www.natursinnesgarten.de

Erlebnisbahnhof Schmalkalden
Am Bahnhof 1
98574 Schmalkalden
(0 36 83) 40 90 45
info@erlebnisbahnhof-schmalkalden.de
www.erlebnisbahnhof-schmalkalden.de

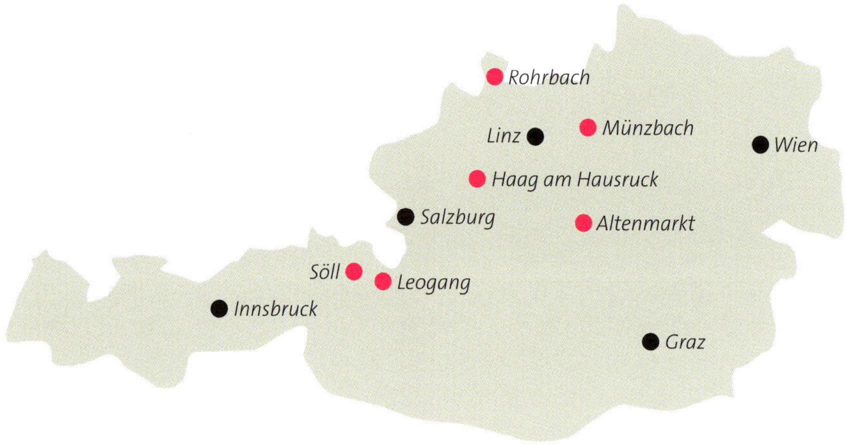

Erfahrungsfelder in Österreich

Internationale Vorwahl: 0043

Villa sinnenreich
Museum der Wahrnehmung
Bahnhofstraße 19
4150 Rohrbach OÖ
(0 72 89) 2 24 58 20
office@villa-sinnenreich.at
www.villa-sinnenreich.at

Erlebnispark der Sinne
Markt 1
4323 Münzbach
(06 64) 5 22 86 60
sinnepark@muenzbach.ooe.gv.at
www.sinnepark-muenzbach.at

Weg der Sinne
Bahnhofstraße 20
4680 Haag am Hausruck
(06 64) 4 87 13 56
robert.schoberleitner@aon.at
www.wegdersinne.at

Sinne-Erlebnispark am Asitz
Leoganger Bergbahnen GmbH
Hütten 39
5771 Leogang
(0 65 83) 82 19-0
info@leoganger-bergbahnen.at
www.leoganger-bergbahnen.at

Hexenwasser
Berg- & Skilift Hochsöll
GmbH & Co. KG
Stampfanger 21
6306 Söll
(0 53 33) 52 60
bergbahnen.soell@skiwelt.at
www.hexenwasser.at

Sinnesweg
8934 Altenmarkt 2
(0 36 32) 3 06-0
gde@altenmarkt-st-gallen.
steiermark.at
www.altenmarkt.istsuper.com

Erfahrungsfelder in der Schweiz

Internationale Vorwahl: 0041

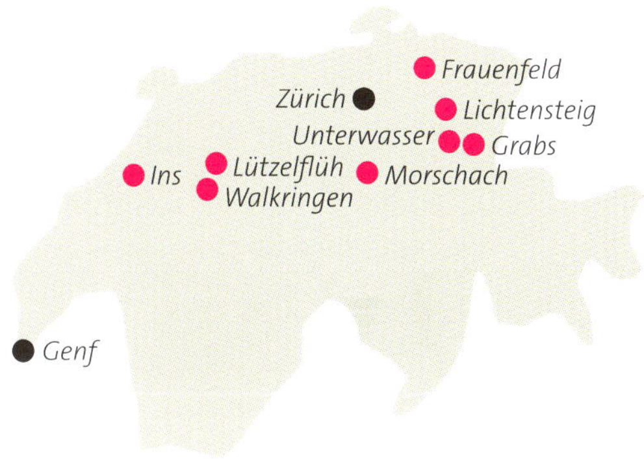

Bildungsstätte Schlössli Ins
Schlössli
3232 Ins
(0 32) 313 40 75
info@schloessli-ins.ch
www.schloessli-ins.ch

Hugo-Kükelhaus-Stiftung Schweiz
Kulturmühle
3432 Lützelflüh
(0 34) 461 81 23
info@kuekelhaus.ch
www.kuekelhaus.ch

Sensorium im Rüttihubelbad
Stiftung Rüttihubelbad
3512 Walkringen
(0 31) 700 85 85
info@sensorium.ch
www.sensorium.ch

Antoniushaus Mattli
6443 Morschach
(0 41) 820 22 26
info@antoniushaus.ch
www.antoniushaus.ch

Sinnwerk
Walzmühlestrasse 49
8500 Frauenfeld
(0 52) 721 31 21
info@sinnwerk.ch
www.sinnwerk.ch

LandschaftsSINNfonie
Lukashaus Stiftung
9472 Grabs
(0 81) 750 31 81
info@landschaftssinnfonie.ch
www.landschaftssinnfonie.ch

Klang am Hang
Im Uttenwil
9620 Lichtensteig
(0 71) 988 27 63
h.buergin@pythagoras-instrumente.ch
www.pythagoras-instrumente.ch

Klangweg Toggenburg
9657 Unterwasser
(0 71) 999 19 23
info@klangwelt.ch
www.klangwelt.ch

Erfahrungsfeld in Norwegen

Internationale Vorwahl: 0047

Dokkadeltaet Nasjonale
Våtmarkssenter AS
PB 135
2882 Dokka
(04 68 06) 4 23
post@dokkadelta.com
www.dokkadelta.com

Die Bibliothek der Heilenden Künste im Drachen Verlag

Library of Healing Arts – Die Schriftenreihe der Europäischen Akademie der Heilenden Künste. Herausgegeben von Johannes Heimrath.

Arno Stern
Das Malspiel und die natürliche Spur
Malort, Malspiel und die Formulation
ISBN 978-3927369-14-6

Daniel Perret
Die Wurzeln unserer Musikalität
Musiktherapie und die Entfaltung der Persönlichkeit
ISBN 978-3927369-15-3

Edgar Diehl
Farbzeiten
Wie die Farbe der Seele hilft. Eine Sozialgeschichte der Farbe.
ISBN 978-3927369-13-9

Marie Perret
Spontane Kreativität
Die transformative Kraft des schöpferischen Ausdrucks
ISBN 978-3927369-21-4

Beatrix Pfleiderer
Die Kraft der Verbundenheit
Plädoyer für ein heilsames, neues Körperbewusstsein
ISBN 978-3927369-38-2

Franz P. Redl
Übergangsrituale
Visionssuche, Jahresfeste, Arbeit mit dem Medizinrad
ISBN 978-3927369-39-9

Willi Maurer
Der erste Augenblick des Lebens
Der Einfluss der Geburt auf die Heilung von Mensch und Erde
ISBN 978-3927369-43-6

Hannes Heyne
Klänge aus der Natur
Akustische Ökologie und das Spiel auf elementaren Musikinstrumenten
ISBN 978-3927369-46-7

Jochen Kirchhoff
Klang und Verwandlung
Klassische Musik als Weg der Bewusstseinsentwicklung
ISBN 978-3927369-47-4

Marco Bischof
Salutogenese – wUnterwegs zur Gesundheit
Neue Gesundheitskonzepte und die Entfaltung einer Integrativen Medizin
ISBN 978-3927369-48-1

DRACHENVERLAG

Drachen Verlag GmbH, Am See 1, 17440 Klein Jasedow • mail@drachenverlag.de, www.drachenverlag.de